史家小学
Shijia Primary School

服务学习　志在家国

史家教育集团　编著

中国发展出版社
CHINA DEVELOPMENT PRESS

图书在版编目（CIP）数据

服务学习　志在家国/史家教育集团编著．—北京：中国发展出版社，2018．5

ISBN 978－7－5177－0841－4

Ⅰ．①服…　Ⅱ．①史…　Ⅲ．①小学教育—教学研究—北京　Ⅳ．①G622．0

中国版本图书馆 CIP 数据核字（2018）第 065379 号

书　　　名：服务学习　志在家国
著作现任者：史家教育集团
出 版 发 行：中国发展出版社
（北京市西城区百万庄大街 16 号 8 层　100037）
标 准 书 号：ISBN 978－7－5177－0841－4
经　销　者：各地新华书店
印　刷　者：北京市密东印刷有限公司
开　　　本：700×1000mm　1/16
印　　　张：20
字　　　数：260 千字
版　　　次：2018 年 5 月第 1 版
印　　　次：2018 年 5 月第 1 次印刷
定　　　价：48．00 元

联 系 电 话：（010）68990642　68990692
购 书 热 线：（010）68990682　68990686
网 络 订 购：http：//zgfzcbs．tmall．com//
网 购 电 话：（010）68990639　88333349
本 社 网 址：http：//www．develpress．com．cn
电 子 邮 件：fazhanreader@163．com

本书编委会名单

主　　编：王　欢　洪　伟

执行主编：李　娟　张均帅

专家顾问：朱晓宇　万　平　张　毅

编　　委：张　怡　宋　菁　赵慧霞　陈　纲　高金芳

化国辉　孔继英　刘　丹　刘　迎　高江丽

温　程　魏晓梅　陶淑磊　祁　冰　于　丹

参与编写：（按姓氏笔画为序）

于　佳	马　岩	王　宁	王竹新	王　华
王连茜	王秀军	王建云	王　珈	王　映
王香春	王　雯	王　颖	王　滢	王　静
王　瑾	孔宪梅	石　濛	卢明文	史亚楠
史宇佩	史晓娇	付燕琛	白　雪	乔　淅
刘力平	刘　岩	刘　姗	刘玲玲	闫仕豪
闫春芳	安　然	许觊潘	许爱华	孙　莹
杜建萍	杜　楠	杨　扬	杨　奕	李　文
李红卫	李宏华	李岩辉	李梦裙	李焕玲
李淑红	李　婕	李超群	李惠霞	李　静
吴金彦	汪　卉	沙焱琦	宋宁宁	迟　佳
张书娟	张艾琼	张　伟	张牧梓	张京利
张春艳	张　彬	张珷轩	张　滢	张　蕊
张鑫然	陈玉梅	陈　璐	范欣楠	范晓丽
范　鹏	罗　曦	金　晶	周　舟	赵　苹
侯　琳	姜　桐	祖学军	秦　月	耿芝瑞
贾维琳	徐丹丹	徐　卓	徐　虹	徐　莹
徐愫祺	郭文雅	郭　红	海　琳	曹艳昕
崔　旸	崔　敏	彭　霏	葛　攀	焦正洁
鲍　虹	满文莉	蔡　琳	翟玉红	黎　童
滕学蕾	潘　锶	潘　璇	霍维东	

序　言

近年来，翻转课堂、微课程、慕课等新的教育形式快速崛起，信息技术对学校教育产生了越来越大的影响。“未来学校”已经不再是一个假设的命题，而是已经真实地来到我们身边。

学校将面临哪些新挑战和新变化？其中，最绕不开的就是学习方式的变革。传统教育中，学习被圈定在课堂里，学习的内容是被既定预设的，师生关系是一种简单而固化的教师教、学生学的关系，学生被动接受知识、接受训练。然而，在当前这样一个信息爆棚、知识获取变得越来越容易的时代，教材不再是我们的世界，封闭式、固化式学习样态显然已经不适合我们今天的孩子。身为教育者，我们应当去思考，如何构建一种全新的学习样态，真正去转变学生学习方式，让学生走出校园，走进真实的社会与生活，让世界成为我们的“教材”。

“服务学习”正是我们为此做出的一大尝试。在史家，“服务学习”不仅仅是一门课程，我们希望能以家国情怀为切入点，通过“服务学习”这一新型学习方式，将服务与学科教学紧密结合起来，为学生创设真实情境下的学习空间，让学生走出课堂，走进家国社会，运用所学的知识服务他人，力所能及地解决社会真实问题。我们希望从跨学科的综合性课程开始，逐渐影响并深入到学科课程之中，系统改变学习的动因、学习的场域、学习的内容、学习的流程和学习的关系，从而全面构建起学习的新样态。

事实上，“服务学习”这样一个新型的学习方式也受到了孩子们、家长们、老师们的一致喜爱。究其背后的原因，我认为有以下几点。

其一，因为它真实。它给了孩子们一个走进真实的社会与生活的平台，孩子们用童眼看世界，发现小到班级，大到人类社会的真实问题，并尝试着运用所学知识解决问题，学习在这其中自然发生，这也正是学习的真实过程。

其二，因为它充满未知。“服务学习”鼓励学生主动发现问题，在真实而非人为创设的问题情境中不断生发学习主题，这种真实的学习内容不是预设而成的，而是自然生发出来的。学生们所遇到的问题和情况是纷繁复杂的，是不能从书本上找到现成答案的。学生在任何时候提出的或遇到的问题都可能自发地形成某些学习关联，与学科发生天然关系，这能够有效激发学生的学习主动性，鼓励学生充分运用所学知识解决随时出现的真实问题。

其三，因为它带来成长。这种成长不单是知识的积累，而是社会责任感、担当意识、同理心、团队精神等综合素养的全面提升，它通过调研、体验、感悟等方式带动更多的孩子走进社会与生活，去认识并理解家国社会，正确认识、理解我们所处的新时代，并在社会中服务，在实践中学习，在行动中培育、践行社会主义核心价值观，从而培养广大青少年学生爱家爱国的情感，唤醒他们成长的内驱力。

教育不仅仅是为了知识获取，爱才是果实。教会学生在微言善行中涵养大爱情怀，学会养成爱己爱人、爱家爱国的自觉，并拥有爱的能力，是我们教书育人的初心和硕果。基于这样的教育理念，我们编写了本书，我们希望将自己的教育智慧和经验毫无保留地传递给更多的人，我们更希望我们的孩子们能向习总书记对少年儿童寄语的那样，“从小学习做人，从小学习立志，从小学习创造”，成长为德智体美全面发展的社会主义事业建设者和接班人。

王欢

2018 年 3 月

前　言

给儿童世界，给世界未来

“小黄，我问你，你2020年多大?”“12岁!”“那2050年呢?”“42岁啦!”“嗯，我43岁!”场下一片哗然……这是2018年2月史家开学典礼上，两个小主持人的对话！我想这两个“关键年”大家并不陌生，其实对于我们教师这意味着什么呢？我们应该做什么样的教育？

2017年1月18日，习近平总书记在联合国日内瓦总部演讲时，提出了“构建人类命运共同体，实现共赢共享”的理念，第一次向世界阐述了他的“全球观”。同年，这一理念先后写入联合国决议、《中国共产党党章》。10月，习总书记在党的十九大报告中再次强调“构建人类命运共同体”，同时对教育指出，“教育要全面贯彻党的教育方针，落实立德树人根本任务，发展素质教育，推进教育公平，培养德智体美全面发展的社会主义建设者和接班人”。

面对党和国家提出的“人类命运共同体”和“两个一百年”奋斗目标，面对新时代新时局新教育，作为新时代的教育工作者，意味着什么？意味着责任和担当！孩子们的对话稚嫩，但是当前教育者考虑的不是眼前这几年的教育，应放眼未来！

史家人一直在思考：未来需要我们提供什么样的公民？未来公民需要具备什么样的素养？近年来，史家小学将30多年和谐教育办学理念再次进行总结、梳理，最终将育人目标聚焦到“培养具有家国情怀底蕴的和谐的人”。

“家国情怀”，是一个人对自己国家和人民所表现出来的深情大爱，是对国家富强、人民幸福所展现出来的理想追求，是对自己国家的一种高度认同感和归属感、责任感和使命感。古往今来，这种高尚情怀极大地鼓舞士气、凝聚力量、振奋精神。我们相信，这种高尚的情怀能够极大鼓舞孩子们的精神，为他们注入学习内驱力，让学生们萌发为实现中国梦而努力学习的动力。

近年来，史家小学为孩子们带来了“服务学习”这样一个全新的学习样态，鼓励孩子在做中学，在学中做，鼓励学生走进真实的社会生活，从着眼身边小事出发，也可以放眼国家和全球大事，用慧眼发现社会中的问题并进行调查研究，运用所学知识去分析问题，提出解决方案，进行集体协商，并通过建议、批评到实践，培养学生的社会主人翁意识，体现着校园内外的参政议政和民主监督，更重要的是从小培养家国意识和责任担当。

“课堂上我知道了中国自古就有丝绸之路，新时代习爷爷提出了‘一带一路’的伟大倡议。我一直在思考一个问题，作为少先队员、一名六年级的小学生，我能为国家的‘一带一路’做些什么呢？我突发奇想，我擅长绘画，如果我能把‘一带一路’上国家的文化和中国文化画在一起，寄给外国的小朋友，用文化交友、让画作传情，该有多好呀！于是我把我的创想告诉我的伙伴，她们特别愿意和我一起做！我们查阅资料、策划绘画内容……大家看，这是我画的大熊猫和泰国象，我想：如果中国的国宝大熊猫能到泰国安家落户，带给泰国小朋友快乐该有多好呀……我画的是中国牡丹和泰国金莲花，我希望中泰两国能像花园一样美丽，人民的生活能像鲜花一样美好……此刻我们想向学校和老师求助：帮我们联系友好校，实现我们的梦想，也希望同学们加入我们的交流行列……”这是六年级赵家琪和她的小伙伴们在去年史家小学一年一度的少先队员代表大会上提出的“服务学习”提案。提案一经提出，得到了全校学生的积极响应，一个月内，共征集“一带一路”文化交流绘画作品1000余幅。身为教育者，我们常被孩子们的热情感动着，也在孩子的努力下帮助他们联系到了我校泰国友好校，让孩子真正成为文化交流的小使者。像这样的提案不胜枚举：

——留守儿童对远方父母的思念，城市建设者对家乡儿女的思念……这是姚悦礼同学回老家和留守儿童一起玩后萌发了“影为爱”的创意。“我要用我的相机拍摄下外来务工人员的工作和生活照寄给他们远方的孩子!”这是孩子最质朴的初心。提案一经提出，他和小伙伴走进新机场、城市副中心等地，三个月拍摄了4000余张照片，撰写了40多篇札记，感受新北京变化的同时，更感受着劳动者伟大的创造力量。

——“妈妈能陪我聊会天吗?”“爸爸能下楼陪我跳跳绳吗?”……朱子薇同学看到生活中不少人对手机爱不释手，提出了“放下手机，让我们真正在一起”的提案。呼吁家长把晚间亲子互动的时间留给孩子。提案“以28天坚持培养一个好习惯”为目标，呼吁学校、社区、亲子一起参与，得到了社会上许多人的赞誉。

在近两年的“服务学习”课程中，还涌现出了“八段锦进社区”“暖冬红围巾计划”“守护家书行动”“分享爷爷奶奶的精彩人生”“濒危盒子”等共计3725份提案。这些“服务学习”提案以学生成长为原点，从微言善行出发，涉及文化传承、公共安全、养老助老、医学科普、扶贫帮困、文明礼仪、家风家训、环境保护、健康锻炼等诸多方面。这些关乎国计民生的社会发展大命题都已进入我们小学生的视野，系在小学生的心间，充分体现了小脑袋、大智慧，小肩膀、大担当。

一个问题，一种态度，一个创意，一个团队，一份计划，一个行动……孩子们逐项落实、逐渐积累、坚持不懈、攻坚克难，从初心到结果，让梦想照见现实，这是学生在学习的过程中最宝贵的经历和收获。

——孩子在服务中学习，学习是有温度的：服务他人收获的微笑，学以致用的喜悦，让书本上的知识鲜活起来、温暖起来；

——孩子在学习中服务，学习是有色彩的：教科书不再是我们的全部世界，而是让多彩的世界成为我们的“教科书”。

创新精神、实践能力、社会责任、家国担当……儿童入学如春日点种，史家教育者在儿童的一亩心田里从小播种下“家国情怀的种子”，让这些核心素养在孩子的行动和成长中孕育，伴其一生，惠泽终生。

作为教育工作者，我们要帮助学生系好人生的第一颗扣子。如果说“服务”是一颗种子，我们要做的便是将这颗充满爱与责任的种子从小栽种在每一个孩子的心中。通过不断的服务实践，让他们将服务变成一种习惯，变成一种生活理念，变成实现自身人生价值的一种方式，相信这不仅对于孩子今天的品格成长大有益处，对孩子的志向建立乃至社会的未来发展都有着重大的意义。

我们相信，今天，我们给儿童一个精彩的世界，明天，他们会带给世界一个温暖的未来！

李 娟

2018 年 3 月

目　录

第一部分　课程指导

第二部分 典型案例

第一部分 课程指导

走进“服务学习”

什么是“服务学习”课程

“服务学习”课程是将服务与学习紧密结合的一门创新社会实践课程，它以活动为取向，其活动来源于社会与生活中真正需要的具体服务。它提倡在学习中服务，在服务中学习，将服务与学科教学充分整合，在真实而非人为创设的问题情境中生发学习主题，激发学生的学习主动性，鼓励学生充分运用所学知识解决问题，享受服务实践带给他们的真实体验。

为什么开设“服务学习”课程

著名的教育家叶圣陶先生说过：“小学教育的意义，概括地说来便是使儿童在行为上得到新的人生观。要达到这个目的，须承认人生必须是自觉的、自动的、发展的、创造的、社会的，而以教育做手段使学生养成这种品德和习惯，以至达到更高的高度。”

随着学校德育教育的深入开展，我们越来越感受到教育不是灌输，不是形式，而是一种唤醒，重在唤醒学生的主体地位和自主意识。社会主义核心价值观是当代中国的大德，教育要坚持立德树人，专注于立大德、树新人。践行立德树人根本使命，培育社会主义核心价值观要有路径、有方法，“服务学习”课程正是为学生搭建了一个践行社会主义核心价值观的平台，引导学生主动发现身边的问题，通过行动去服务他人，解决问题，在行动中践行社会主义核心价值观，在潜移默化中实现价值观教育。

《中国学生发展核心素养》以科学性、时代性和民族性为基本原则，以培养“全面发展的人”为核心，分为文化基础、自主发展、社会参与三大领域。在这三大领域中，文化基础是过去我们比较关注的，而核心素养的提出，将自主发展、社会参与摆在了同等高度。“服务学习”课程真正带领学生走进社会与生活，在社会中服务，在实践中学习，能够有效促进学生社会化发展，提升学生的社会责任感和担当意识，促进公民素养提升。同时，“服务学习”课程鼓励学生自主发现、策划、开展项目，有效提升学生自主性，从而促进学生的自主成长。

同时，社会实践、社会服务作为综合实践活动的重要组成部分，其教育功能不容忽视，并已正式计入学分。2015 年 7 月发布的《北京市实施教育部〈义务教育课程设置实验方案〉的课程计划（修订)》中明确指出：义务教育阶段，综合实践活动是国家和北京市规定的必修课，包括学科实践活动、信息技术、劳技、研究性学习、社区服务和社会实践等。《北京市义务教育课程设置表》要求综合实践活动总学时应在 630～1080 之间。“服务学习”课程正是通过整合设计，实现社会实践活动创新化、课程化发展的一大尝试，它鼓励学生发现问题，自主策划具有创意的公益项目，能够有效培养学生创新精神，给学生想象的空间。它鼓励学生运用所学知识解决真实问题，在真实的社会体验中实现知行合一，从而有效培养学生实践能力。通过项目制的形式，学生之间互相自主结成项目组，学生的领导力、团队合作能力也在这样的新型伙伴关系中得以历练，并在合作中逐渐学会关爱、学会合作，学会沟通、学会表达。同时，服务学习还为学生提供了各种真实的社会情境，学生通过自己的实际参与，能够增强对各种职业的认识，从而对未来的职业生涯有更真切的体验，有利于学生确定未来的职业兴趣和方向。

如何开展“服务学习”课程

1. 全员参与和重点项目打造相结合

“服务学习”课程面向全体学生开设，课程通过整合设计，将社会实践、研究性学习、社区服务等融为一体，通过全员参与和重点项目打造相结合的方式开展，鼓励全体学生积极发现身边的真实问题，发起公益创想。通过“服务学习”课程，学生将经历“发现——计划——行动——反思——分享”的全过程，真正实现从公益创想到公益行动的蜕变。学生不仅是公益项目的发起人，也是公益项目的执行人。学生发起的公益项目，将通过专业评定，在“中队——年级——学校——集团”不同层面开展。同时，学校还组织专家团队，评审出重点项目，面向全校学生进行志愿者招募，并为学生提供资金资助和专业导师团队，进一步支持学生的公益梦想。

2. 在服务中学习，在学习中服务

服务学习为学以致用提供了一个自然契机。服务是前提与载体，学习寓于服务之中，没有了服务也就没有了学习这个目标。因此，提供精心组织的高质量的服务学习活动，满足社区的实际需要，服务于当地社会发展，解决热点问题，促进和谐发展与进步，真正实现对物质与人文环境的改造是前提。

学习是核心，服务行动必须与教学紧密结合起来，整合课堂教学与社会服务活动，配合学科或课程而安排，有清楚叙述的学习目标，并在一段时间内持续地探讨社会与生活中的真正需要，激发学生的学习动机，引导学生主动参与到学术知识中，帮助学生理解知识内容并深化实践。

3. 走出校园，走进社会与生活

“服务学习”引导学生走出课堂、走出校园，走进社会与生活，登上广阔的社会实践大舞台，给学生提供了广泛、深入地了解社会、接触社会的机会。它在理念上尤其注重与社会现实需求相结合，与学生生活相联系，将知识与情境结合起来，通过充分挖掘广泛的社会资源，将服务纳入课程，将课程融入服务，极大地丰富、拓展课程资源，使教育更加贴近社会，使课程内容更多联系学生生活，使教育更加贴近社会。

由学校走向社会与生活，学生接触到了与书上所描述的世界不同的一面。他们通过亲身参与相关的社会活动，和他人建立起沟通与合作的关系，学会与他人交流、互助，学会主动地发现、关注、参与解决小到班级，大到人类社会的现实问题，并试着去解决这些社会现实问题，在解决问题的过程中，增长自信与才干，丰富与他人合作的经验，在积极的社会活动中感受公平与正义，体会到如何做一个“有用”的人，从而更好地适应社会、融入社会。

4. 鼓励反思与追问，积极开展研究性学习

反思是服务学习的一大特点，反思贯穿于服务的始终，即服务前、服务中、服务后都应存在着反思。服务学习的项目源自于生活，它自然而然地建立起与所有学科的关联，形成各种跨学科主题，能够加强并扩展学生的学习，帮助他们更好地达到学业标准。在服务的过程中，学生们所遇到的问题和情况是纷繁复杂的，是不能从书本上找到现成答案的。学生在任何时候提出的或遇到的问题都可能自发地形成某些课程关联，这就要求学生打破陈规、积极思考，在反思与追问中不断地进行研究性学习，以找出解决问题的途径与办法。这也是服务学习的教育价值之所在。

通过反思，学生对自己脑中正在形成或已经形成的观念进行批判性思考，自然地生发出新的鲜活的学习主题，在教师的指导下，通过自发的小组学习，不断地丰富、完善自己的知识体系，并在真实的项目中实现学以致用。学生们在服务的过程中批判性的进行思考、反思自我价值、重构自我，最终实现自身价值的提升。只有服务经验而没有反思，学生就不能在更高层面对服务经验进行提炼和加工，使自己的学业知识和个人素质得到进一步提高，如此也就失去了服务学习的设计原意。

“服务学习”课程评价方法

1. 引入第三方专业评价

服务学习以项目制的形式开展，学生将参与到一个个自主发起、策划、组织开展的创新公益项目中，将自发组合成不同的项目组。这些项目组也是学生学习小组，天然构成学习共同体，学生在其中有分工、有合作。项目组的学生在圆满完成项目任务后，将共同接受公益基金会的项目评审，提交项目结项报告、项目执行证明、项目物资签收证明等各种结项材料，体验专业的公益项目结项的全过程。

2. 坚持多元评价

秉持多元化评价原则，一是坚持评价主体多元，让学生接受来自多方面的评价，包括学生自评、小组互评、教师评价、资源单位评价、帮扶对象评价、家长评价等。除了教师要填写《服务学习教师评价表》外，合作资源单位、帮扶对象、家长等都会对学生的服务学习行动进行反馈，从多维度全面测评学生的参与度、贡献度、创新性等。二是坚持评价成果多元，鼓励学生采用小论文、调查报告、演讲、演出、展览、舞台剧等多种形式分享所思所得。

3. 强调过程性评价

服务学习尤其重视学生在服务过程中的学习状态及行为表现，注重学生的个人成长，重视过程性记录。学生将在教师的指导下定期填写《学生行动日记》《学生反思工具表》，从而全面记录在服务学习过程中的所做、所见、所思、所感，记录学习过程中有意义、有价值的重要经历。老师应在真实的社会生活环境中对学生的表现进行评价，并对学生的记录进行反馈，从而有效地影响学生学习的过程。

红领巾征集令：你准备好了吗

亲爱的同学们，史家小学是一个和谐的校园。在这里，我们携手专注学习、精彩绽放、健康成长、放飞梦想。我们从萌芽的种子长成茁壮的小苗，憧憬着成为国家栋梁；我们从一名懵懂的孩童长成奋发少年，期待着抒发家国情怀。

热爱祖国、心系社会、服务他人是史家人共同的情怀，多年来我们一直坚持开展公益活动。2010 年，我们成立了全国第一家小学生公益社团——阳光公益社。在公益活动中成长，大家争做爱心阳光小公民，不仅自己做公益，还带动身边的人共同参与到公益的大家庭中。

基于深厚的公益实践传统，学校精心设计、建设了“服务学习”课程。“服务学习”课程面向全体同学，把“服务”和“学习”相结合，带领同学们在社会中服务、在实践中学习，鼓励全体同学主动地发现、关注社会中的现实问题，自主策划服务学习项目，并通过服务和行动来改善社会生活和环境，唤醒更多的人参与到服务行动当中。跟随课程的步伐，同学们将放眼社会、聚焦公益，通过认识篇、发现篇、计划篇、行动篇、反思篇、分享篇六个篇章的学习，经历“发现——计划——行动——反思——分享”的全过程。

“少年强，则国强。”作为新时期的小学生，你们是祖国未来的希望，理当从小去认识、去感受、去践行“社会主义核心价值观”，“服务学习”课程正是给了大家一个这样的平台。学校将支持同学们的公益梦想，整合社会资源，建立梦想基金，为大家的公益之梦插上翅膀。通过“服务学习”课程的学习，希望大家能够从微言善行出发，把爱的种子撒向人间！

衷心地希望“服务学习”课程能够带给大家一个成长的机会，一种无私的情怀，一种积极向上的态度和一些立足社会服务他人的能力，将来能够更好地承担起社会赋予你们的责任，成长为国家和社会需要的栋梁之才！

认识篇

第一章　在社会中服务，在实践中学习

学习导航：

同学们，马上就要开始我们的服务学习之旅了。那么，大家知道什么是服务学习吗？我们的服务学习以公益为载体，通过让同学们自己动脑、动手设计公益活动项目，组建自己的团队去实施自己的公益项目，从而在社会中服务，在实践中学习。通过本章的学习，大家将了解到什么是公益、公益的类型有哪些、公益的实施者与参与者是谁以及我们服务学习项目评审的几大标准，为同学们能独立提交精彩项目打下基础。

公益：大爱温暖人间

提起公益、慈善，人们往往认为是有钱人的专利。但事实告诉我们，在一些发达国家，用于公益事业的善款绝大部分都来自于普通大众，而不是像我们想象的那样，来自于比尔·盖茨那样的大富豪。只要愿意，人人都可以伸出自己的手，参与到公益中来。那么到底什么才是公益呢？

（一）走进公益

公益慈善是指为公众谋福利的志愿行为。但是，公益慈善有别于传统慈善，不完全等同于我们生活中常说的“献爱心”“乐于助人”。公益慈善重在发现社会问题发生的根源，对症下药，从长远上根治社会问题。

想一想：

以下哪种方式属于公益慈善？为什么？

方式一：给流浪汉面包或零钱。

方式二：为流浪汉进行再教育培训，激励他们通过自己的劳动而获得生活所需，获得他们学习工作所需的技能，从而能自力更生。

（二）公益项目类型

同学们，你身边有让你印象深刻的公益项目吗？公益涉及的领域比较广泛，除了大家比较熟悉的为边远山区捐献爱心、走进敬老院、走进孤儿院等，在社区发展、文化艺术、生态艺术等各个领域都需要我们创意发现，我们都可以通过公益行动解决问题，让这个世界变得更美好！

一般来说，公益项目主要包括 9 大类型（如图 1.1），我们可以从这 9 个领域出发，寻找你想要解决的社会问题。

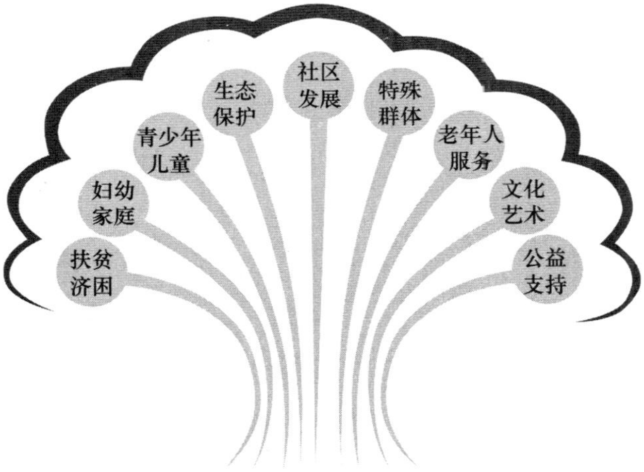

图 1.1　公益项目的 9 大类型

扶贫济困：扶助贫困户或贫困地区发展生产，改变穷困面貌，用金钱或物资帮助生活困难的人。例如，通过种植业、养殖业发展或售卖民族特色产品来脱贫等。

妇幼家庭：帮助妇女和幼年儿童，通过多种方式来改变妇女与儿童在社会上处于弱势地位的境况。例如，增加妇女的收入以提高其家庭地位，随迁子女的城市融入等。

青少年儿童：针对群体为未满 18 岁的青少年儿童，帮助他们健康、快乐、有尊严、有价值的成长。例如，为山区孩子筹集学习用具、学生助学行动、支教活动等。

生态保护：为我们所处的环境与周围的动物们采取积极的保护措施。例如，在长江源里倡导游客自行带走垃圾，绿色骑行环保宣传活动等。

社区发展：在一定的地理区域，有一定数量的人口，他们之间有共同的意识和利益，使他们较密切的社会交往的社会生活共同体变得更和谐。例如，社区图书角、文化室、社区怀孕母亲交流互助等。

特殊群体：受众为残障失能、大病人群，通过行动给予社会上的弱势群体最适合的关怀。例如，帮助视障人走出家门、视障人电脑操作培训、自闭症患儿的关怀等。

老年人服务：服务于60周岁以上的公民。例如，为老人送餐、为抗战老兵写回忆录等项目。还可请老年人参与公益活动，发挥老年人的余热，使老年人的晚年生活更具价值。

文化艺术：宣传具有价值的文化与艺术。例如，古村落的保护、编写抗战老兵回忆录、家乡口述史、公益微视频、民族非物质文化保护等项目。

公益支持：受助群体为公益机构或热爱公益的人。例如，可为公益组织进行财务能力培训、摄影培训、新媒体运营传播培训，帮助更多具有发展潜力的公益机构或公益个人更好地参与公益。

（三）公益大家庭

说起公益大家都不陌生，那么，到底是谁在做公益呢？公益慈善的主体主要包括个人和组织。组织通常是指社会公益组织，同时也包括那些特别具有社会责任感的优质企业；而个体在公益事业中的角色，通常是以志愿者的身份参加活动。

1. 公益组织：爱与梦想的发射站

公益组织一般是指那些非政府的、不把利润最大化当作首要目标，且以社会公益事业为主要追求目标的社会组织，他们致力于社会公益事业和解决各种社会性问题。

公益组织能够及时且充分反映弱势群体的需求，基于其扶贫济困的宗旨和公益职能。我们身边的优秀公益组织也很多，比如中国扶贫基金会、中华慈善总会、中华环保基金会等。国际上也有很多有名的公益组织，比如国际野生生物保护学会、世界自然基金会、联合国儿童基金会等。

公益组织通过广泛的社会动员，有效吸收多元的社会资源，为弱势群体直接提供帮助和服务，实现高效的公共服务，在促进社会和谐与稳定方面发挥重要作用，它们是爱与梦想的发射站。

说一说：

提到公益组织，同学们都能说出几个耳熟能详的名字，你能举例子说说你所知道的公益组织还有哪些吗？

2. 优秀企业：爱与梦想的加油站

近年来，随着经济社会的发展，企业社会责任理念也在逐渐普及，企业公益意识不断提升，参与公益的热情不断高涨。众多优秀企业已经将企业社会责任纳入发展战略。我们身边不乏这样的优质企业榜样，他们具有强烈的社会责任感，积极参与到社会公益当中，用自己的行动为公益事业加油。

说一说：

同学们，你身边有热心公益事业的企业吗？你能给小伙伴们讲讲他们的公益故事吗？

3. 志愿者：爱与梦想的使者

志愿者也叫义工、义务工作者或志工，是自愿进行社会公共利益服务，而不获取任何利益、金钱、名利的活动者。他们提倡奉献、友爱、互助、进步的志愿精神，致力于免费、无偿地为社会进步贡献自己的力量。

目前，“志愿精神”已经逐渐成为中国公民所拥有的一种重要精神力量。在当前许多重要社会事件与活动中，如在“汶川赈灾”“北京奥运”“上海世博”“亚运会”“教育扶贫”等活动中，志愿者都发挥出重要的作用。他们自愿地、无偿地把他们的劳动、精力、时间投入到公益活动中来，体现了他们的奉献、友爱、互助精神。

志愿者可以是兼职，也可以是全职。目前，比较有影响力的志愿者队伍包括中国青年志愿者协会、中国大学生志愿联盟、中华志愿者协会等。

说一说：

同学们，你的亲朋好友中有热心公益的志愿者吗？你能给小伙伴们分享他们做公益的小故事吗？

服务学习 DNA

在对公益有了一定的了解以后，同学们一定想知道如何才能在公益项目评审中脱颖而出吧！服务学习项目特别强调几个特质，它们可以说是服务学习项目的 DNA，包括创新性、影响力、可操作性和利他性（见图 1.2）。

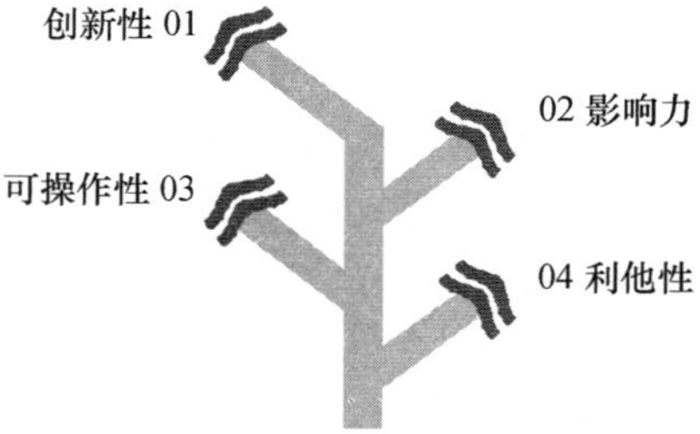

图 1.2　服务学习的 DNA

（一）创新性

创新性是指善于发现新问题，或在常规领域引入新方法、新技术，以解决社会变化中出现的新问题。这就需要我们能够发现新问题，即找到大家容易忽略的社会问题，还要能够找到解决问题的创新方法（见图 1.3）。

图 1.3　服务学习的创新性

我们生活的世界并不完美，但我们可以用自己的行动让它变得越来越完美。生活中有很多问题，需要我们做一个有心人去发现，《牛仔无止境 ReJean》项目正是抓住了快时尚消费带来的牛仔裤大量废弃这个大家容易忽略的问题，通过项目既有效地解决了丹宁布料的生产浪费及其中消耗的自然资源，又能为下岗女工带去了就业机会，为社区和环境带来积极改变。

【案例分享】　　牛仔无止境 ReJean

项目名称：牛仔无止境 ReJean

领　　域：生态保护

项目介绍：在北京，每年约有 662 万条牛仔裤被直接堆放在垃圾填埋场内，这些牛仔裤会被直接焚烧以及填埋。牛仔裤在燃烧过程中会排放含有强烈的致癌物质的气体；被填埋的铜钉等装饰物是不能降解的，而可以被分解的牛仔布料，也会释放铅、镉等重金属到土地中，造成严重的环境污染问题。同时，在牛仔裤的“一生”中也将消耗高达8000升水及2000千克二氧化碳，这对于环境也是巨大的负担。

中国农业大学牛仔无止境ReJean团队致力于解决废弃牛仔裤缺乏合理处理的问题，通过将牛仔裤废弃问题与北京流动妇女待业问题相结合，运用可持续的设计将废弃牛仔裤回收并改造成精美的二次产品，再将产品售卖后的利润返还至待业妇女们手中，有效地提高受众的生活质量。通过对大量牛仔裤的标准化生产，有效地解决了丹宁布料的生产浪费及其中消耗的自然资源，为社区和环境带来积极改变。

项目希望能解决一定量的牛仔裤废弃问题，通过回收及改造，赋予牛仔裤新生命。通过举办不同类型的活动，如电影放映沙龙、手工拼布等，影响并改变大众的快时尚消费观念，从源头减少廉价牛仔裤的生产。

将ReJean的绿色循环模式复制并真正回归社会，把回收工具包打包，方便社区居民认领，从而在社区形成牛仔裤固定回收点；把售卖工具包打包，可以使贫困社区中的妇女自主进行工作坊建立和经营活动。

精美的牛仔裤二次产品

牛仔裤回收活动

ReJean 优化手工坊的团队文化建设，引导流动妇女组织产品设计和技术研讨会，并引导妇女们利用一定的利润作为发展基金，以更新设备和升级产品达到项目可持续发展，并帮助妇女们获得就业机会和缝纫技能，利用团队中队员的经管学科优势对受众进行财务的培训，使其获得独立成立手工坊的能力。

想一想：

看了《牛仔无止境 ReJean》项目，你有没有什么启发呢？你在生活中又发现了哪些新问题呢？

（二）影响力

“众人拾柴火焰高。”一个好的公益项目，光有创意还是远远不够的，还需要打造影响力，去唤醒身边的人、社会中的人关注并参与到项目当中（见图 1.4）。通过大家的共同努力，让我们的世界变得越来越好！

图 1.4　服务学习的影响力

近年来，我们身边也不乏各种既创新又富有影响力的公益活动，同学们想一想，都有哪些呢？

对了！“冰桶挑战”“为爱光头”“丢书大作战”，这些都是关注度非常高的项目，它们的共同特点是能够打动人，受到社会媒体的广泛关注，吸引社会名人参与。

【案例分享】　　ALS 冰桶挑战

ALS 冰桶挑战赛（ALS Ice Bucket Challenge）简称冰桶挑战赛或冰桶挑战，要求参与者在网络上发布自己被冰水浇遍全身的视频内容，然后便可以要求其他人来参与这一活动。

活动规定，被邀请者要么在 24 小时内接受挑战，要么选择为对抗“肌肉萎缩性侧索硬化症”捐出 100 美元。

该活动旨在让更多人知道被称为渐冻人的罕见疾病，同时也达到募款帮助治疗的目的。

“ALS 冰桶挑战赛”在全美科技界大佬、职业运动员中风靡，包括比尔·盖茨在内的名人、明星都接受了挑战。

该挑战也扩散至中国，科技界大佬纷纷响应。

仅在美国就有 170 万人参与挑战，250 万人捐款，总金额达 1.15 亿美元，这可能是为某种疾病或紧急情况捐助最多的款项。

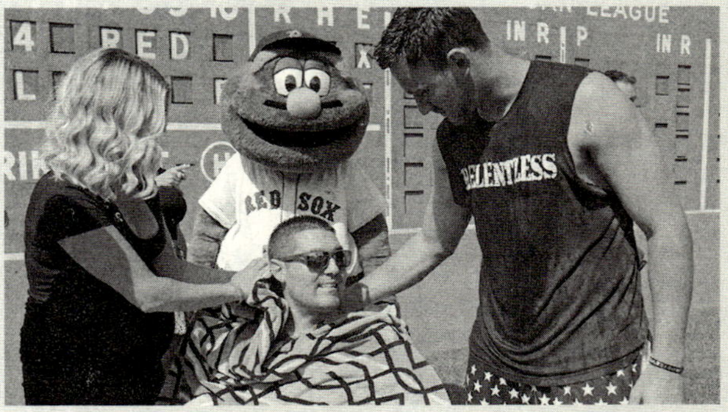

ALS 冰桶挑战赛由前 Boston College 棒球运动员 PeteFrates 发起，旨在唤起公众对于肌萎缩侧索硬化症（ALS）的关注

比尔·盖茨率先应战，将冰桶挑战带入科技界，许多名人纷纷加入，他们被冰水浇遍全身的视频和图片在网上被网友们疯传

莫斯科当地时间2014年9月7日，一群年轻人参与ALS冰桶挑战，为渐冻症研究筹集善款

想一想：

看了《ALS冰桶挑战》项目，你有没有什么启发呢？你觉得还有哪些提升影响力的好办法呢？

（三）可操作性

可操作性是指项目不是停留在想象的层面，而是真正具有操作的可能性，这就需要我们的执行团队拥有相关经验或能力，需要我们的实施方案切实可行，项目费用合理等。项目要想具备可操作性，离不开必要的调查和结合实际情况（见图1.5）。

图1.5　服务学习的可操作性

在之前的服务学习中，有很多同学提出了一些非常好的创想，却没能实现，这是为什么呢？因为他们虽然有很好的想法，但是却无法操作。因此，我们在开始我们的创想之前，首先要经过一定的调查，确定我们倡导的项目确实有必要解决；要提出切实可行的解决方案，同时考虑项目的周期，项目不宜设计得太宏大、太长远；还要考虑自己团队的能力（见图1.6）。当然，项目实施的安全性也非常重要，这也是我们不能忽视的。

图1.6　创想前的准备工作

我们史家小学的郭芷青就提出了《有故事的古树》项目，她和团队成员通过寻找北京地区有故事的十大古树，挖掘古树背后的历史故事，以号召更多的人关注并保护古树，在古树故事中进一步了解民族历史。项目吸引了包括学校师生、社区居民、广大游客甚至外国友人的关注，取得了较好的影响力。

想一想：

很多同学提到了“保护古树”，小楠计划要对东城区的古树进行摸底和统计，关注古树的生存状况。她把这个想法告诉了指导老师。老师带着她进行了一番调查，发现原来园林部门已经在做这件事了。

那么，小楠还可以做哪些尝试，让更多的人关注古树、保护古树呢？

【案例分享】　　有故事的古树

项目名称：有故事的古树

领　　域：生态保护

项目介绍：古老的北京城，到处都可以看到先人给我们留下的古树名木。据统计，目前北京有树龄在300年以上的二级保护古树3万多株，树龄在500年以上的一级保护古树5000多株……一株株古树，像一个个“活的文物”，不仅承载着一段段传奇往事，更是先人留给我们的非常珍贵

位于北海团城的“遮荫侯”古树

的历史文化遗产，比如景山公园的“歪脖子树”“槐中槐”，北海团城的“白袍将军”等。

所以，我想通过寻找北京地区有故事的十大古树，把北京十大古树背后的故事介绍给大家，让更多的人了解我们北京古树的历史，进而呼吁更多人热爱并保护古树。

“有故事的古树”项目得到公园、园林等相关管理部门的支持，项目组走进公园、走上街头向游客和行人宣讲北京的古树，群策群力共同编写了脍炙人口的古树童谣，并精心制作了古树系列明信片，通过微信公众号、发放明信片、制作宣传视频等多种手段，引发更广泛的社会关注，呼吁大家关注古树、保护古树。

（四）利他性

公益以利他主义为价值导向，以受益人的需求为导向，关注社会问题的解决。

中华民族是一个团结友爱、乐善好施的民族，利他使每个人在困境中不致孤立无援，情感上不致无家可归，它维系着人类必要的情感联系和相应的人类公德。它沉淀于人类文明之中，沉淀于中华民族深层心理文化结构之中，在适宜的情境中就会被唤起。利他是我国“助人为乐”“仁爱”等传统美德和新时期“社会互助”精神的集中体现。

我们的身边涌现了大量的优质公益项目，他们有的关注社会特殊群体，有的关注边远儿童的教育问题，有的关注传统文化的传承……但所有的公益项目都有一个共同的特性，那就是利他性！

【案例分享】　　　　　　盲人好莱坞

项目名称：盲人好莱坞

领　　域：特殊群体

项目介绍：盲人一样可以“看”电影！

越来越多的低视力障碍者走上自食其力的道路，他们的精神生活也需要丰富，他们也和正常人一样有看电影的诉求！

盲人欣赏电影必须要依靠后期添加的解说，这些解说无论长短都需要一定的时间，可是现代电影在拍摄过程中，在镜头之间、台词之间却不会特意给这些解说留出时间来，毕竟，电影最初不是拍来听的，因此，解说就变得有些格格不入了。

《盲人好莱坞》宣传画

于是，我们发起了“盲人好莱坞”项目，为盲人提供专用电影、专业播放设备、专业的解说人员服务，给低视力障碍者带来最新的电影。用科学的制作方式，制作合格的盲人电影，帮助中国300多万城市盲人清楚明白地收听电影故事，进一步丰富他们的精神文化生活。

与传统盲人电影不同的是，我们的作品既完整保留电影的音频内容，又不会出现诸如解说遮盖对白、解说来不及描述画面主要内容的问题，实现了盲人清楚明白“听电影”的要求。

想一想：

看了《盲人好莱坞》这个项目，你有没有什么启发呢？谈一谈你现在的感受吧！

发现篇

第二章　发现，童眼看世界

学习导航：

发现是服务学习的开始。通过本章的学习，大家会学着用全新的视角看世界，注意到以前忽略的事物，学着感受身边人的不便和需求，找到想要解决的问题，找到想要服务的对象。通过本章的学习，相信大家一定会对周围的人与环境更为敏感，能够真正发现亟须我们解决的问题！

用心感受：找到真正的问题

如何发现生活中的问题？这就需要我们拥有一双发现问题的眼睛。发现就是要去感受，要能够想他人之所想、急他人之所急，感受他人的不便与需求。

（一）创意分享

全世界的小伙伴都注意到了一些身边值得改变的“热点”问题。

（1）印度。学生们发现他们的朋友 Daya 感染了风疹病毒，他们很想帮助他。经过调查，他们发现 Daya 患病是因为他的母亲也患有风疹病，这种病会导致新生儿失聪及视力问题。于是他们想做点什么帮助这个人群。

印度学生关注风疹病毒

（2）斯洛文尼亚。所在地区遭受了一场严重的洪水后，学生们都特别想做点什么，于是他们对各个受灾家庭进行了紧急需求调查。调查结果显示，干净的水和食物是最需要的。

斯洛文尼亚学生关注灾情

（3）美国。学生们对同龄人的肥胖问题十分担扰。他们注意到，肥胖儿的主要问题是缺乏锻炼。他们认为推广骑单车上学是非常好的解决方法，但是由于学校附近没有安全自行车道，很多学生没法骑车上学。他们决定改变这一现状。

美国学生关注肥胖问题

（4）德国。学生们发现学校课间休息十分吵闹。换个角度看问题以后，他们发现原来造成课间嘈杂的原因是操场的设备有所破损，大家没有玩耍的场所。他们决定通过自己的努力，有所行动。

德国学生关注校园操场设备

史家小学的小伙伴们也发现了很多有亮点的问题，这些问题中的有些就在我们身边，但是却被我们忽略，有些是一直以来都存在的问题，但是他们却提出了非常新颖独特的解决方法，一起来看看吧！

影为爱

发起人：姚悦礼

每年爸爸妈妈都带我回湖南老家过年，在那里，我认识了许多农村的小朋友。熟悉以后，我发现许多农村小朋友的爸爸妈妈大部分都在城市里打工，这些小朋友一年到头也很难见到爸爸妈妈一次，他们非常想念父母。我还了解到在北京也有许多外来务工人员，他们远离家中的孩子，在为建设美丽的城市贡献力量，也为孩子能过上好生活而打拼。

很多小朋友对父母的工作并不了解，于是我想，能不能用相机镜头记录他们父母在外工作和生活的影像，在孩子和父母之间架起一座爱的桥梁，让孩子了解爸爸妈妈的工作和生活，懂得感恩爸爸妈妈的付出；也让他们知道父母对他们的思念，让他们深深地感受到父母虽然不能跟他们每天生活在一起，但心是紧紧牵挂着孩子的。同时，经过与团队伙伴的讨论，我们还决定通过用原创主题摄影展的形式，呼吁更多的人关注外地务工人员和留守儿童。

NGO 点评： 姚悦礼同学能在生活中观察到同龄人不易发现的问题，并关注到外来务工人员及留守儿童这一特殊群体，为外来务工人员拍摄照片这个想法非常新颖、富有创意，既能记录北京普通建设者们劳动的场景，也能让他们的孩子了解到父母的工作。相信会有更多的人愿意加入你们的创想行动！

暖冬红围巾计划

发起人：贺锦晖

2016 年全国大部分地区迎来 30 年来最冷寒冬，这个消息对于贫困地区生活艰苦的孩子们来说更是雪上加霜。于是，我发起“暖冬红围巾计划”的倡议，邀请同学们学习编织技术，一起为贫困山区的小伙伴编织围巾，让他们的冬天变得温暖，感受到我们的祝福。

史家小学四年级劳技课开设有基础编织技术内容，所以我们四年级的学生都会基础编织。我们还自创了一项简单易学的城堡编织技术，即使是一年级的学生也可以轻松掌握，而且，围巾编织不需要很长的时间，也不需要复杂的技术就可以完成。因此，只要学习简单的技术，付出一定的时间就可以完成。同时，我们还倡议每一位志愿者为边远山区的同龄小伙伴写一封慰问信，表达对他们的关心与问候，在寒冷的冬季为他们送去温暖。

NGO 点评： 贺锦晖同学用一颗善良的心关注到贫困地区儿童的困难，

“暖冬红围巾”计划不仅为贫困地区儿童送去物质上的温暖，有很强的实用性，同时也用一封封慰问信拉近了与他们的距离，给予他们精神上的关怀。相信通过团队的努力，能够让更多的贫困地区儿童获得温暖！

为井盖穿彩衣

发起人：李尚燃

2016年11月6日，河北省保定市一名5岁男孩在深45米的枯井边玩耍，不小心掉入没有任何警示和防备措施的枯井，虽然经过多方力量奋力救援，最后仍然不幸身亡。看到这个新闻我非常震惊，决定上网查找相关的报道，没想到关于城市井盖丢失或破损导致行人坠井的报道还有很多。不断重复的悲剧让我感觉井盖已经成为道路上的沉默杀手，我想如果能够把井盖以醒目的图案或者颜色标记出来，既可以起到美化装饰路面的作用，又能够警示提醒路人，预防悲剧的发生。

史家胡同历史悠久，下水道的建设可能也E深久远，每一个井盖下面是否隐藏着危险需要引起我们重视。于是，我带领同学调查统计出史家胡同共有132个井盖，如果在井盖上绘上国学故事、民俗故事、老照片及艺术摄影、史家胡同文化等相关图案，既能够提醒路人注意安全，又能够宣传我们的传统文化和胡同文化，增添胡同的艺术色彩，给行人带来更多的乐趣。

NGO点评：李尚燃同学真是有一双发现的眼睛，既能够关注到社会上的热点问题，又能够联系到生活实际。李尚燃同学不光发现了生活中的问题，还善于发现生活中的美好，手绘井盖不仅能为人们保障安全，还能宣传胡同文化，为胡同增添色彩！

像这样打动人的公益创想还有很多，透过他们的项目书，我们能真切地感受到他们内心的震撼与触动，他们能理解、同情和尊重他人，善于在换位思考中去体会他人的不便与需求。看到伙伴们的分享以后，你在生活中发现了哪些问题？你最想解决的问题是什么？

我最想解决的问题清单

我最想解决的问题	
为什么想要解决这个问题	
伙伴们对我的问题这样评价	

一个有创意的项目，除了要善于发现，还需要学会在生活中观察、思考，必要的社会调查，从而确定这个问题确实需要解决。我们可以信息检索了解问题的背景，并通过采访、问卷调查、体验和观察等方式，来评估需要。

（二）学会调查

1. 搜集信息

当我们发现了一个社会需求，首先需要搜集相关的背景信息，获取所需要的信息，这是信息得以利用的第一步，也是关键的一步。通过信息查找，可以基本明确我们发现的需求目前的基本情况如何，是否被关注，是否有人正在解决，面临的主要困难是什么等基本背景信息，这也是做好社会调查的基础。

我们可以借助书籍、报刊、论文等纸质媒介，或者通过互联网搜索引擎、电视、广播、社会调查等方式获取信息。

一个完整的信息搜集过程包含以下三个步骤。

第一步，搜索，也就是“找信息”，这就需要我们建立主题关键词，有针对性的搜集，用各种渠道快速找到所需的精准信息。

第二步，集成，也就是“存信息”，就是把找到的信息，按照主题，分类存储在自己方便找到的地方。

第三步，整理，也就是“理信息”，我们都知道信息单纯集成而不加整理，时间长了就会杂乱不堪，后期需要资料的时候还是找不到，这时就需要定期对集成的信息进行归类、去重、添加标签等整理工作，能够显著提升信息搜集效率。

在掌握了信息检索的基本技能以后，快来为你的项目查找基础资料，了解背景信息吧！

学生信息搜集表

序号	信息来源	获取到的信息	对你的项目的帮助
1			
2			
3			

2. 小记者访谈

我们还可以试着当一回小记者，依据访谈提纲，通过面对面询问的方式，获取有用的信息。采访的目的并不是采访本身，而是一个交流的过程，一个搜集信息的过程，目的是为了获得更丰富的观点，或者是为自己的观点找到强有力的支撑和支持。

因此，在开始一段采访前我们首先需要明白：为什么要进行采访？我需要获得哪些信息？只有在想明白这些问题之后进行的采访才可能是最有效、最有针对性的。

同时，我们还要做好采访前的准备工作，包括如下。

（1）准备访问提纲，根据被访问者的情况，合理设置提问。

（2）准备采访策略，积极引导被访问者表达自己的观点和看法。

（3）准备录音、录像等设备，并提前调试，确保设备能够正常使用。

（4）提前模拟访谈过程，预设可能出现的突发情况，增强应变能力。

【小贴士】 **采访中的注意事项**

1. 准时，不迟到，给被采访者留下好印象。

2. 礼貌用语，文明行事。

3. 选择合适的访谈环境，制造愉快的访谈气氛，尽量排除不必要的外来因素的干扰，创造出一个良好的访谈环境。

4. 学会倾听，你永远无法预知采访过程中被访问者会说些什么，如果不倾听，你也许会错过一些重要信息。

5. 眼神交流，在采访提问过程中，你要用眼神和被访者进行交流，这样他们就会知道你在耐心倾听而做出更好的回答。

6. 声音保持清晰可辨，表情自然，动作大方。

7. 跟随提问，也就是在采访过程中基于被访问者的叙述，及时思考之后的提问，这往往是最精彩的提问。

8. 增强应变能力，出现冷场或突发情况，迅速做出反应，调节采访气氛。

9. 团队合作，和你的合作伙伴，比如编辑、摄影师等一起工作，彼此尊重和彼此支援，这样你的采访故事会更好。

在掌握了采访的基本方法以后，我们不妨试着做一次小记者吧！快来想一想，你的项目需要做哪些采访活动。

学生采访记录表

采访了谁 （姓名和头衔）	
为什么想要 采访他们	
为了这次采访， 你做了哪些准备工作	
从这次采访，你获得了 哪些之前不知道的信息	

3. 善用问卷调查

问卷调查是社会调查之中较为常用的一种数据收集方法。它是一种真实的调查方法，通过问问题的方式系统地记录调查内容，能够直接有效地获取信息，发掘有关事实的现况，并通过大量数据的收集，积累指定目标人群对于调查问题现况的认识理解和相关建议。通过问卷调查，我们能对自己发现的问题有一个初步的了解，会让我们的问题更加有针对性。

调查问卷的设计对研究结果有着最直观的影响。一个好的问卷，应该调查主题明确、基本信息齐全、问题设计合理、答案设置简单，既能够让应答者开心、愉悦的回答，又能让调研人员获得科学的结果。那么，我们应该如何设计问卷呢？

问卷设计的步骤与具体做法

步　骤	具体做法
Step 1：根据调研目的，确定所需要的信息资料	在问卷设计之前，我们必须明确需要了解哪些方面的信息，这些信息中的哪些部分是必须通过问卷调研才能得到的，列出所要调研的信息清单，这样才能较好地说明所需要调研的问题，实现调研目标
Step 2：确定问题的内容，设计问题	我们需要根据调研项目清单进行具体的问题设计，确定提问方式、问题类型和答案选项等。对一个较复杂的信息，我们可以设计一组问题进行调研。问卷初步设计完成后，我们应对每一个问题都加以核对，确保问卷中的每一个问题都是必要的
Step 3：决定措辞	措辞的好坏直接或间接地影响到调研的结果，因此，我们对问题的用词必须十分审慎，要力求通俗、准确、客观。问卷设计要符合应答者的理解能力和认识能力，避免使用专业术语
Step 4：确定问题的顺序	在设计好各项单独问题以后，我们应当按照问题的类型、难易程度安排询问的顺序，一般是先易后难、先简后繁、先具体后抽象，从而使被访者在回答问题时有循序渐进的感觉，引起被访者回答问题的兴趣

续表

步骤	具体做法
Step 5：问卷的测试与检查	在问卷用于实施调研之前，我们应当先选一些符合抽样标准的被访者来进行试调研，在实际环境中对每一个问题进行讨论，以求发现设计上的缺失
Step 6：审批、定稿	问卷经过修改后要进行充分地讨论，经过团队确认后方可定稿、复印，正式实施调研

下面是一份关于学生阅读情况的调查问卷。请同学们结合范例和上文中介绍的问卷调查的基本方法，给自己的项目试着设计一份调查问卷吧！

关于小学生阅读情况的调查问卷

本次问卷是为专门了解小学生目前的阅读量及知识储备情况而设计的，问卷所涉及的问题没有对错之分，您只要按照实际情况填写即可，答案的真实性和完整性对本次研究的质量有重要影响，感谢您的配合！

1. 你每天是否有固定的时间阅读书籍？

A. 是　　B. 否

2. 你每天固定的阅读时间有多久？

A. 0.5 小时以下　　B. 0.5 ~ 1 小时

C. 1 ~ 2 小时　　D. 2 小时以上

3. 在校老师是否有推荐书单？

A. 是（常常）　　B. 很少

C. 没有

4. 你对哪些书籍感兴趣？

A. 童话　　B. 诗歌

C. 历史　　D. 科学百科

E. 动植物　　F. 地理

G. 寓言故事　　H. 名人传记

I. 工具书（如作文提高书等）　　J. 其他

5. 目前你主要通过哪些途径阅读书籍？

A. 纸质　　B. 电子

C. 有声读物　　D. 其他

6. 你对目前的阅读情况是否满意？

A. 是　　B. 否

7. 你希望拓展哪方面的阅读和知识储备？

____

____

我的调查问卷

（三）评估需求

系统并真实地进行调查研究的能力离不开我们在生活中的观察，在经过了系统的调查研究以后，我们还需要结合调查中掌握的信息和数据，对我们的需求进行评估，从而试着找出真正的问题。

【案例分享】　“小河卫士”行动计划

安安、乐乐、甜甜和贝贝四个小伙伴住在苹果小区，他们发现小区旁边的护城河不仅河水变成了绿色，还散发出臭味，更为严重的是河面上还飘着垃圾。看到河水受到严重的污染，他们决心组成“小河护卫队”，呼吁大家一起来保护护城河。

小卫士们在周边社区实地调查后发现，社区居民环保意识低、垃圾桶有缺口是造成河流污染的一大原因。但是，在对社区群众的问卷调查中，他们了解到这还不是河流被污染的最主要的原因。经过他们的深入调查和对多方人员的采访，他们最终发现原来河流污染的最大源头是河流上游的养殖场。找到污染的根源后，小朋友们立刻展开了“小河卫士”行动计划。

首先，他们制作了宣传海报，列举了环保小常识、垃圾分类处理、保护环境宣传语等内容，配合拍摄的照片、自制的宣传漫画等，呼吁大家关注河流污染。为了达到更好的宣传效果，小卫士们还一起自编自导自演了一部微电影，希望更多的人认识到河流污染的严重性。他们还通过网络平台分享河流污染的照片，引起大家对问题的讨论和回应。

为了解决护城河源头污染问题，小卫士们还主动找到养殖场，与那里的工作人员积极协商，请求他们减少向河内排放污染物。同时，他们在社区开展了宣传活动，居民们都表示要同心合力解决河流污染问题。

最终，在小卫士们的共同努力下，护城河的污染问题日渐得到了改善。

想一想：

1. 造成护城河污染的原因有哪些？
2. 护城河污染背后的真正问题是什么？
3. 这对于你有什么启发？

头脑风暴：寻找金点子

在找到真正的问题之后，我们可以开始进行下一步——为你发现的问题。找出解决办法吧！

（一）圈定问题

首先，我们可以自由结成小组，每个同学分享自己发现的问题。请借助你调查评估的结果，向伙伴们分享你调查的经过和成果，最终每个小组将投票评选出一个最想要解决的热点问题。

小组问题评审表

最想解决的问题		发起人	
小组选择这个问题的原因			
经调研，造成这个问题的主要原因有哪些			
小组成员签名			

（二）头脑风暴

若要想出很多的金点子来提升项目的影响力，不如发动伙伴们的力量，进行头脑风暴。以小组为单位，试着想一想，导致你们想要解决的问题发生的原因都有哪些？

【小贴士】　头脑风暴规则

1. 越多越好。放开你的思维，想到的点子越多越好。因为你永远都无法知道好的点子从何得来！

如果一切顺利，你可以在一个小时想出多达100种不同的想法。

2. 鼓励大胆的想法。在思考点子的时候，不要顾忌、害怕。很多理想方案在最初听起来都很奇怪甚至是不可思议的。

3. 吸取他人想法。采取乐观积极的态度，吸取他人的想法。在头脑风暴过程中、交谈时，尽量少使用“但是”这样有否定含义的词，可以使用“而且”“此外”这样的连接词。

4. 可观化。传播想法的最佳办法就是把想法画出来。并不一定要画得专业、好看，只要把想法表达出来即可。

5. 投票选出最佳想法。

（三）解决方案

在学习了头脑风暴的基本规则以后，我们就可以针对我们选择的问题寻找解决问题的方法。现在，请大家开始关注本小组选择的问题，借助思维导图试着想一想，为了解决你们所选择的问题，你们都有哪些解决办法？大家可以试着想一想。

小组思维导图

以小组为单位，讨论并写下你们的理想方案吧！

我们的问题	**我们的最终方案**

计划篇

第三章　计划，扬起梦想的风帆

学习导航：

在发现了想要解决的问题以后，相信大家都怀揣着服务他人的公益梦想。如何从梦想变成行动呢？我们需要学会计划，经过“明确目标——组建团队——实施计划——风险评估——项目预算”五个步骤。通过本章的学习，大家会逐渐学会如何给自己的项目明确目标，如何组建团队，并为项目的每个阶段制定实施计划。一起行动起来吧！你也会经常用到哦！

在梦想的航行中，我们不能预测风，但我们可以备好帆。计划，让我们扬起梦想的风帆。在服务学习中，扎实的准备和计划能让我们的服务事半功倍，让我们充满信心地完成行动计划，用我们的爱心和所学去帮助需要帮助的人。

明确目标：寻找“灯塔”

目标不是决定一切的，但是就如一艘船航行需要灯塔一样，没有目标，就不知道朝什么方向航行，不知道什么时间到达。有了目标，就有了前进的方向和行动的动力，促使我们坚持不懈地去实现目标。

（一）什么是项目目标

项目目标简单地说就是我们实施项目所要达到的结果。在制定项目目标时，我们首先要确定项目的总目标，这是一个长期的、宏观的描述，为我们铺开理想的蓝图。这也是我们需要长期努力的方向。

（二）如何制定项目目标

我们在制定项目目标时，可以遵循“smart 原则”，项目目标要具体、可测量、可达到，同时还需要遵循相关性和时限性的原则，切忌贪多贪大、过于发散，不要承诺比较抽象的结果，也不要承诺做不到的事情。

【小贴士】　项目目标确立的 smart 原则

具体（specific）：有具体的问题和具体的目标人群。

可测量（measurable）：目标可以看到项目前和项目后的变化。

可达到（attainable）：项目团队能力和目标是相匹配的。

相关性（relevant）：要和项目及团队发展的长远目标是相关的。

时限性（time-bound）：在什么时间段内完成目标。

想一想：

以下的描述是项目目标吗？为什么？

1. 开展宣传活动以提升农村妇女的卫生意识。

2. 通过培训推动国内民间组织的能力建设。

我们可以试着用“smart 原则”来检测上述项目目标，可以发现，这些项目目标在阐述时都存在这样或那样的问题，有些目标不够具体，有些目标没有提出一个可测量的结果，有些目标没有提出一个有效的期限……，让我们试着用“smart 原则”来修订这些项目目标。记住，制定目标时一定要跟自己的能力相匹配！

用“smart 原则”可以将上述项目目标修订为：

（1）采取同伴教育的方式促使 2018 年底平原村 85% 的农村妇女养成基本卫生习惯。

（2）一年内通过四次参与式培训，使得参与培训的 10 家民间组织能够开始利用新媒体平台进行宣传。

大家要注意，项目目标提出的指标可不是随便提出来的，我们的前期调查工作越充分越深入，我们的指标设立得越科学、越有可操作性。

（三）实训：动手制定项目目标

你的项目目标是什么呢？你希望通过项目达到一个什么样的结果呢？试着用“smart 原则”为自己的项目制定一个合适的目标吧！

我的项目目标清单

<table>
<tr><td>姓　名</td><td></td><td>中　队</td><td></td></tr>
<tr><td>项目名称</td><td colspan="3"></td></tr>
<tr><td>项目总目标</td><td colspan="3"></td></tr>
<tr><td>项目阶段目标</td><td colspan="3">1.
2.
3.</td></tr>
</table>

组建团队：你的 TEAM 你做主

俗话说得好："三个臭皮匠，赛过一个诸葛亮""众人拾柴火焰高""一箭易断，十箭难折"……合作就是力量，没有人能够单靠自己成就一切，大家必须团结在一起，将个人的才能、创造力和精力投注到团队中，才能发挥最大作用。

（一）认识自己和伙伴

团队是一个由多人组成的共同体，它合理发挥每个人的优势，利用每一个成员的知识和技能协同工作，解决问题，从而达到共同的目标。我们每一个人都有自己独特的优势，能够发挥自己的兴趣、技能和才干，为集体贡献自己的力量。

试着为自己和伙伴填写个人清单，它会帮助你们在服务学习之旅中更好地发挥特长、优势互补。

学习清单

我的个人清单		伙伴的个人清单	
我的兴趣	我喜欢学习和思考……	伙伴的兴趣	我喜欢学习和思考……
我的技能和才干	我可以……	伙伴的技能和才干	我可以……
我如何帮助别人	描述一次你帮助他人的经历	伙伴如何帮助别人	描述一次你帮助他人的经历

（二）团队的构成与分工

团队是一种为了实现某种目标而由相互协作的个体组成的群体，不同的个体在团队中都会承担不同的角色，只有清晰的角色定位与分工，才能使团队迈向高效。一般来说，服务学习项目组需要项目总负责人、财务人员、宣传人员、外联人员和组织人员，他们有各自的职责。当然，不同的项目，团队的分工也会有所不同。

团队的分工与主要职责

项目分工	主要职责
项目总负责人	一般为项目发起人，主要负责制定工作计划，招募团队主创人员，项目的组织与推进等
财务人员	主要负责编制预算，登记资金来源，记录使用情况，采购等
宣传人员	主要负责文案编辑，制作宣传海报，设计项目 Logo，摄影摄像等
外联人员	主要负责协调学校内部各部门工作，处理外界公关事宜，招募志愿者等
组织人员	主要负责组织开展项目组内部会议，会议记录，档案留存等

想一想：

你认为以上分工能满足团队运行的需求吗？你有没有需要补充的团队角色呢？

（三）实训：为你的项目组建团队

大家对照自己的项目，想一想自己的团队该如何组建呢？在组建团队的时候要结合伙伴们的个人清单，形成一个合理的分工。后期，我们在执行项目时还可以通过志愿者招募来扩大自己的团队。

组建团队

项目分工	成员名单	主要职责

实施计划："5W1H"分析法

计划是实现项目成功的系统路线图。它提供了一种手段来告知每个人希望他们做什么及何时完成。它帮助项目负责人了解项目状态。计划还为今后项目的任务划分和估算提供了有用的信息。

（一）分解阶段任务

在制定计划时，我们首先需要将项目目标分解成若干阶段性任务。阶段性任务的确定是为了在这个特定的阶段或者时期中，在阶段性任务的引导下，更好的迈向总目标。

“农村孩子也要读书”项目计划

和和与小伙伴们发起了“农村孩子也要读书”的服务学习项目，他们的目标是通过两年的项目期，使绿苗希望小学的同学们人均年读书量从一本提高到五本以上。项目组成员经过讨论，认为要想实现目标，他们需要完成以下任务：

1. 有书可读：建图书馆（购买图书、布置图书馆）。

2. 有序读书：建立图书借阅制度（图书分类、上架、借阅证、培训图书管理员）。

3. 习惯养成：辅导家长。

你觉得和和他们制定的阶段任务合理吗？你还有什么金点子？试着和团队的成员们一起将你们的项目目标分解成阶段性任务吧！

我的项目任务单

项目名称		团队成员	
项目目标			
阶段性任务 1		预期效果	
阶段性任务 2		预期效果	
阶段性任务 3		预期效果	

（二）制定执行方案

在明确了阶段任务后，每个任务下要特别明确“5W1H”，也就是明确任务具体做什么事情（what），在什么时间完成（when），由谁来完成（who），在什么地点开展（where），打算如何来做（how），为什么这么设计（why）。

（三）实训：为你的项目制定实施计划

在学习了如何为项目制定阶段目标，如何制定执行方案后，请和团队的小伙伴一起为你们的项目制定计划吧！

我的项目计划清单

项目名称	
项目目标	
阶段性任务 1	阶段描述： 预期目标： 做什么（what）： 怎么做（how）： 何时（when）： 人（who）： 何地（where）： 为什么（why）：
阶段性任务 2	阶段描述： 预期目标： 做什么（what）： 怎么做（how）： 何时（when）： 人（who）： 何地（where）： 为什么（why）：

续表

阶段性任务 3	阶段描述： 预期目标： 做什么（what）： 怎么做（how）： 何时（when）： 人（who）： 何地（where）： 为什么（why）：

第四章　预案，为圆梦保驾护航

学习导航：

从公益梦想到公益行动，除了明确目标、组建团队、制定计划以外，还需要我们提前做好“预案”，预案包括风险评估和项目预算，这样才能从全局上把握项目的进展，并把风险降到最低。通过本章节的学习，大家将学会如何做风险评估以及如何做预算，掌握其基本的工具和方法，相信这两个小本领在今后的学习和生活中，你也会经常用到哦！

风险评估：“五度”评估大闯关

公益项目是个集体行动，涉及多方面相关利益方，需要协调多方关系，存在着一定的不确定性。变量多意味着风险是存在的，我们要意识到这些风险，考虑到哪些因素是会产生变化的，如果变化应该采取哪些措施。因此，对项目进行必要的风险评估是非常重要的。

（一）什么是风险评估

风险评估就是量化测评某一事件或事物带来的影响或损失的可能程度。简单来说，当我们在开始服务学习项目之前，应当想一想，我们可能会遇到什么样的问题，这些问题发生的概率有多大，它们的出现会不会导致计划不能完成，你和团队的小伙伴们是否有承受风险的能力，你打算如何预防、应对这些可能出现的问题等等。

（二）如何进行风险评估

在了解到我们可能会遭遇的困难以后，我们还要做好预防工作，提前思考应对策略，来有效规避问题。比如，对于关注度不高的问题，我们可以想一想我们的帮助对象最关注的点是什么？如果通过网站、微博、微信等多种渠道来宣传我们的项目，效果会怎么样？再比如，对于志愿者流失或因时间冲突不能参加的问题，我们如何合理安排服务活动？我们如何招募、储备更多校内校外的优秀志愿者呢？

【小贴士】　风险评估小技巧

一般来说，风险评估可以从以下几个方面考虑。

（1）关注度。你的项目是否能够引起目标人群足够的关注？如果你的帮扶对象不愿意接受帮助怎么办？

（2）沟通度。你的项目需要和哪些人进行沟通？在沟通的过程中可能会遇到哪些问题？

（3）配合度。你的团队内部协调和合作会出现问题吗？团队成员中有人离开或者不能履行他的职责应该怎么办？

（4）管控度。在把控全局、经费统筹方面会出现问题吗？你想好若发生突发事件该如何处理了吗？

……

除了上述的这些问题，你还能想到其他的风险点吗？

（三）实训：为你的项目评估风险

请大家对照自己的项目，想一想，你的项目面临哪些潜在的风险和困难？你打算采用哪些对策来规避风险呢？

我的风险评估单

项目名称		团队成员	
风险 1		应对措施 1	
风险 2		应对措施 2	
风险 3		应对措施 3	
风险 4		应对措施 4	

项目预算：做个精明小当家

梦想基金是社会各界热心公益的企业和个人捐赠的爱心善款，凝聚着大家对公益事业的大爱，对公益组织的信任。虽然项目期是短暂的，但是公益事业是长期的。我们获得梦想基金后，如何花好每一分钱，一定要有合理的规划，让每一笔钱都用到刀刃上，真正做到有效公开，接受监督。

（一）认识项目预算

预算就是在项目开始前对项目费用的通盘计算。在进行项目时，我们要以明确的目标为前提，要全面、完整、充分地考虑整个项目实施的全过程。同时，我们还要注意比价，货比三家不吃亏，真正地用好每一分梦想基金。

（二）如何进行项目预算

一般来说，一个公益项目的资金支出主要包括人员费用、场地费用、交通费用、设备费用、宣传费用、通讯费用、其他费用几个部分。那么，这些费用具体包括哪些呢？

【小贴士】　**项目预算小技巧**

1. 人员费用。比如有些项目需要邀请一些行业专家做讲座，需要专家顾问费用。

2. 场地费用。比如举办大型的展示活动、大型的公益讲座等，需要租用场地或者自己动手布置场地。

3. 宣传费用。项目宣传中我们可能会用到横幅、海报、宣传页、展板、摄影摄像、队旗等，需要计算相关的费用。

4. 交通费用。在项目实施中，我们往往需要外出乘坐公交、地铁、城际巴士等交通工具。

5. 通信费用。包括工作人员的电话费、物资信件的邮费等。

6. 其他费用。根据项目的不同会出现的一些其他的费用。

……

除了上述这些费用类别，你还能想到其他的费用支出吗？

（三）实训：为你的项目制作预算

请大家对照自己的项目，想一想，你的项目大概需要支出哪些费用，请本着节约、真实的原则填写项目预算表。

我的项目预算表

项目 1 名称				
购买/制作等内容	单价	数量	小计	备注
项目 2 名称				
项目 3 名称				
项目 4 名称				
合　计				

行动篇

第五章　行动，找到实现梦想的力量

学习导航：

经过充分的准备后，我们的服务学习项目正式步入行动阶段。扎实的行动能让我们充满信心地完成我们的计划。在行动这一阶段，要特别注意在服务中学习，在学习中服务。通过本章的学习，我们将共同学习如何实现有效沟通，如何做好时间管理，如何处理突发事件，如何做好项目记录等，这些都是我们的服务学习行动得以顺畅进行的重要保障！

行动是准备和计划的直接结果。在行动阶段，我们往往会遇到很多意想不到的问题，会发现某些信息和某项技能的缺失。但是没关系，这些都是服务学习的重要过程。本章中，我们选择了几个大家可能会共同面临的问题来共同学习，相信大家一定会热切并努力地学习这些必要的知识和技能。

有效沟通：学会沟通的艺术

在服务学习行动中，我们不可避免地会和很多人发生互联，我们需要和团队的小伙伴沟通，和老师沟通，和社区工作人员沟通等等。学会沟通的技巧，实现有效沟通会让我们的服务学习项目事半功倍！

沟通是人与人之间进行信息交流的必要手段，每一个社会人都离不开沟通。沟通是一门学问、一门艺术，良好的沟通技巧能让我们与对方产生很好的共情，增进双方的了解，让双方在心情舒畅中达成共识。不过，沟通并不是一种本能，而是一种能力，它并不是人天生就具备的，而是在后来的成长中培养和激发出来的。下面，就让我们共同来学习沟通的技巧吧！

（一）认识沟通

在学习和生活中，我们常用的沟通方式有两种，即语言沟通和肢体语言沟通，这两种沟通方式在效果上是互相补充的。综合运用语言和肢体两种方式，能够将我们所掌握的信息、思想和情感很好地传递给对方，并得到我们想要的信息，从而完成有效沟通。

语言沟通是我们人类特有的、最直接、最普遍的沟通模式，通常分为口语沟通和书面语言沟通。在面对面的沟通中，多数采用口头语言沟通的方式，如对话、讨论、演讲以及打电话等，都可以直接地及时地交流信息、沟通意见。

书面语言沟通属于间接沟通，如书信、电子邮件、邀请函、通知公告等，它不受时空条件的限制，便于保留，准确性和持久性较高。

语言的沟通渠道

口头沟通（面对面沟通）	书面沟通（间接沟通）
• 对话 • 讨论 • 演讲 • 打电话 • 小组会 • 电话会议 • 视频	• 书信 • 电子邮件 • 邀请函 • 通知公告 • 出版物 • 传真 • 幻灯片

在沟通过程中，仅仅靠语言沟通是远远不够的，我们还可以借助于自己的手势动作、面部表情、眼神、身体姿态、语调等肢体语言，以增强表达效果。

一般语言沟通都伴随肢体语言沟通，有时肢体语言可以直接代替语言行为，甚至表达出语言难以表达的情感内容。

肢体语言的沟通渠道

肢体语言表述	常见行为含义
手势动作	手指并拢，缓缓地伸向前方表示欢迎或者引导，摆手表示制止或否定，搓手或拽衣领表示紧张。柔和的手势表示友好、商量，强硬的手势则意味着："我是对的，你必须听我的"……
面部表情	微笑表示友善礼貌；皱眉表示怀疑和不满意；哭泣表示悲伤难过；面部胀红、呼吸变快表示气愤或紧张；眉毛往上，睁大眼睛，长大嘴巴表示惊讶……
眼　神	正视表示庄重，斜视表示轻蔑；仰视表示思索，俯视表示羞涩；盯着他人意味着不礼貌，但也可能表示兴趣或寻求支持……
身体姿态	身体向前倾表示感兴趣，想要接近目标；身体向后倾表示不感兴趣，不喜欢这种情境或场面；身体弯曲表示难过或者不自信，身体挺直表示自信，胸有成竹；双臂环抱表示防御……
语　调	高涨的语调表示激动兴奋、跃跃欲试，低落的语调表示悲伤难过、不自信；演说时抑扬顿挫表明热情，突然停顿则可能是为了造成悬念，吸引注意力……

想一想：

1. 你最擅长的沟通方式是哪种？

2. 在生活中，你有哪些习惯的肢体语言吗？这些肢体语言对于沟通效果有帮助吗？

（二）沟通的技巧

要想实现高效的沟通，就需要掌握一些沟通的技巧，比如认真准备、学会观察、学会倾听、学会提问、学会表达。一起来 GET 新技能吧！

1. 认真准备

古人有云："预则立，不预则废。"为了提高沟通的效率，在沟通之前做好准备工作是非常有必要的，我们可以提前准备好以下内容。

（1）确定沟通的目标。我们在与他人沟通之前，心里一定要有预期目标，希望通过这次沟通达到什么样的效果，设立相应的目标。

（2）制定计划。计划要具体可行，如何与别人沟通，先说什么，后说什么，都要提前预设。

（3）预测可能遇到的异议和争执。提前预测可能发生的问题，如对方不配合、现场安全问题等，制定应对措施，确保沟通顺利进行。

请联系自己的服务学习项目，填写"我的沟通清单"，为自己制定一个沟通计划吧！

我的沟通清单

<table>
<tr><td>沟通的时间</td><td></td><td>沟通的地点</td><td></td></tr>
<tr><td>沟通的对象</td><td colspan="3"></td></tr>
<tr><td>沟通的目的</td><td colspan="3"></td></tr>
<tr><td rowspan="3">沟通过程中可能会出现的问题</td><td colspan="3">问题 1</td></tr>
<tr><td colspan="3">问题 2</td></tr>
<tr><td colspan="3">问题 3</td></tr>
<tr><td rowspan="3">对应的沟通策略</td><td colspan="3">方法 1</td></tr>
<tr><td colspan="3">方法 2</td></tr>
<tr><td colspan="3">方法 3</td></tr>
</table>

2. 学会观察

俗话说"百闻不如一见"，在沟通过程中我们只有善于观察，才能获得真切的感受，达到真实、生动的沟通。细心的观察实际上不只是用眼睛看，而是以眼为主，大脑、眼、耳、鼻、舌、身感觉器官同时运作，观察对方传递出的思想和情感，从而获取第一手材料，实现沟通的目的。

【小贴士】　　**观察的技巧**

1. 明确目的。在沟通过程中，观察的目的不同，观察的重点也不一样。要有计划的观察对方的外貌形态、表情举止、动作行为等，明确了目的，到达现场后就能准确找到自己需要的重点事物、人物、环境等等。

2. 选好位置。“横看成岭侧成峰，远近高低各不同。”在沟通中，确保能与受访者面对面交流，进而有效观察对方的表情和肢体动作。在人群集中的地方，尽量选择中间位置，以便观察多数人的情况。

3. 抓住特征。锻炼观察的准确性，观察对方的相貌、表情、动作、神态等特征。人与人在长相、衣着、身体等方面各不相同，性格、品质上也各有差异，要找准对方最与众不同的地方。

4. 善于思考。观察离不开眼睛，更离不开大脑，需要有意识地动脑筋思考和感受。根据观察到的对方的微表情、肢体动作及情绪变化，进一步思考他的内心想法及真正想表达的意思。

在了解了观察的技巧以后，试着在沟通中认真观察，记录下你的收获吧！

我的观察清单

我的观察对象	
对方有哪些体貌特点	
对方有哪些习惯性的肢体动作	
通过观察你收获了哪些对话之外的信息	

3. 学会提问

如果我们想达到希望的沟通结果，那么就要在沟通中想办法让对方多说话。如何让对方多说话呢？这就需要我们学会提问，引导对方按照我们的思路去展开话题。在沟通中，我们要努力营造一种轻松的氛围，并掌握一定的提问技巧，使对方轻松愉悦地接受提问，实现有效的答案收集。

【小贴士】　　提问的技巧

1. 有备而来。提问前可以先准备一些问题，将问题写在本子上，理清思路，充分考虑提问的结构。

2. 制定提问策略。人的性格千差万别，情绪也千变万化。有的侃侃而谈，有的不善言辞。在对方侃侃而谈、收不住话匣子时，要适时打断对方，将谈话引向正题；遇到不善言辞的访问对象时，要循循善诱，注重启发，避免冷场。

3. 随机应变。访问中，提问者的语气、口气、表情、音调和内容等会产生不同的影响，要揣摩对方的心理，找准其“动情点”，打开其心扉。

4. 注意提问顺序。随意提问会使受访者思路受阻，容易引起对方反感，因此，提问要言之有序，循序渐进，一般可以由易而难，由表及里，由浅入深。

5. 问题要具体明确。如果问题笼统空泛，对方会茫然适从、不知所措，因此提问要增强针对性，问得浅显、明白，让对方容易回答。问题也要精简，避免冗长。

6. 善于即兴提问。在提问过程中，事先准备的问题与实际情况不相关或者实际情况超出想象的情况屡见不鲜。一旦出现这种情况，需要根据现场实际情况即兴提问。

了解了提问的技巧以后，对于你在项目中的沟通问题有没有帮助呢？试着在沟通中学会利用好“提问”这把钥匙吧！

想一想：

1. 在沟通前，你事先准备了哪几个问题？

2. 在沟通中，对方对于你提出的问题，是否给出了你想要的信息？

3. 是否存在事先准备的问题与实际情况不相关的情况，你是如何应对的？

4. 学会倾听

很多人认为，沟通中的“滔滔不绝”能够显示自己丰富的知识和聪明才干，其实恰恰相反。沟通中我们应该学会的就是倾听。倾听是为了更好地理解，是一种积极的行为，它不仅能帮你收集到更多更准确的信息，同时也能够鼓励和引导对方更好地去表达。

【小贴士】　　聆听的技巧

1. 对说话者所要说的话表现出兴趣。这有助于我们更专注地听，说话者也会因此受到鼓励从而进行清楚和全面的交流。在说话者停顿或犹豫时，使用简短的言语暗示来鼓励对方继续交流。

2. 适应讲话者的风格。每个人说话的音量和语速是不一样的，要尽可能地适应对方的风格，尽可能地接收对方更多、更全面、更准确的信息。

3. 善于理解对方。注意站在对方的角度去想问题，而不是去评论对方。

4. 倾听回应。在倾听时，要注意保持目光接触，可以适时地点头和微笑，可以有一些回应的动作；或者在对方回答完一段话的时候，我们可以简单地重复一下内容，表示对对方的尊重。

5. 提示问题。当我们没有听清的时候，要及时去提问，避免遗漏问题。

6. 归纳总结。在听的过程中，要善于将对方的话进行归纳总结，更好地理解对方的意图，寻找准确的信息。

7. 表达感受。在聆听的过程中要养成一个习惯，即要及时地给予对方回应，表达感受，这是一种非常重要的技巧。

掌握了倾听的技巧以后，请试着在沟通中认真倾听对方，相信你一定会有不一样的收获！

想一想：

1. 在交流中，你是如何鼓励对方继续交流的？

2. 学会了用心倾听以后，你觉得沟通发生了怎样的变化？

5. 学会表达

在沟通中，我们还需要学会表达，尽可能地把自己的意思讲清楚，让别人了解我们的想法。如果表达不清晰，很容易让对方产生误解，这可能会浪费更多的时间。

【小贴士】　　表达的技巧

1. 口齿清晰、发音标准。清晰的发音会使信息的传达更加有效，流畅的发言能帮助我们成功地表达自己的想法，并能有效吸引倾听者的注意。

2. 保持眼神交流。与对方保持眼神的交流，谈话时看着对方的眼睛，往往会将其摇摆不定的注意力吸引到交谈中。

3. 增加词汇量。学习新的词汇，选择恰当合适的词语表达主题。时时更新词汇量，可以有效避免在公众场合因用词不当出现尴尬场面。

4. 运用幽默的方式和丰富的表情。保持良好的心态，增加幽默感，激发对方的兴趣，配合生动的表情、动作，吸引对方的注意力。

5. 善于学习。观察他人的谈话技巧，学习他人的表达要点，模仿他们的说话方式和表达习惯，努力形成自己的独特风格。

在了解了表达的技巧以后，请试着在沟通中表达自己的观点，并观察团队中其他小伙伴的表达技巧与表现。

想一想：

1. 在团队中，哪位小伙伴最擅长表达？你认为他最值得学习的地方在哪儿？

2. 你认为自己擅长表达吗？做得比较好的地方在哪儿？还有哪些地方需要努力？

（三）服务剧场——沟通情景剧

欢迎来到服务剧场，在这里我们会上演精彩的服务学习情景剧。下面是关于“沟通”的两个小剧，和团队的小伙伴们一起来挑战吧！

剧场一：协商借用场地

1. 情境设置

安安负责的服务学习活动需要借用苹果小区的社区活动中心作为项目活动场地，但是小区活动中心不对外开放，进入小区需要与保安沟通，申请场地需要与社区负责人沟通，并取得同意。安安和她的同学乐乐该如何解决场地问题呢？

2. 情景模拟角色扮演

角色 1：安安

角色 2：乐乐

角色 3：社区保安

角色 4：社区负责人

3. 情景模拟实施

分组与任务分配：4 名同学一组，每组成员分别扮演一个角色。

时间：10 分钟

实施：按照预定的角色分工进行即兴表演。

4. 评价环节

（1）小组互评，选出“我最喜爱的情景剧”。

（2）教师点评。

剧场二：活动进行中解决疑问

1. 情境设置

和和负责的服务学习项目是针对中老年人科普健康知识，她和同学美美将一起走进社区向社区的爷爷奶奶派发宣传单，可是爷爷奶奶并不了解她们的项目，她们该如何向爷爷奶奶解释，并动员爷爷奶奶参与呢？

2. 情景模拟角色扮演

角色 1：和和

角色 2：美美

角色 3：社区张爷爷

角色 4：社区王奶奶

3. 情景模拟程序及安排

分组与任务分配：4 名同学一组，每组成员分别扮演一个角色。

时间：10 分钟

实施：按照预定的角色分工进行即兴表演。

4. 评价环节

（1）小组互评，选出“我最喜爱的情景剧”。

（2）教师点评。

服务剧场邀请函

亲爱的同学们：

在项目沟通的过程中，发生了哪些关于“沟通”的精彩的小故事？有哪些让你们难忘的瞬间？欢迎将它编写成情景剧。

快和小伙伴们一起将它搬上舞台吧！

服务剧场诚挚邀请

把控进展：灵活处理突发事件

《左传》言：“居安思危，思则有备，备则无患。”在服务学习活动进行过程中，我们可能会遇到许多难以预料的突发事件。突发事件既会影响活动的顺利进行，也会影响活动的整体效果，甚至涉及人身安全。学习并掌握灵活处理突发事件的技巧，能够帮助我们增强应变能力，积累经验，快速地做出准确的判断，巧妙地处理突发事件，降低影响。

（一）认识突发事件

一般来说，突发事件发生的速度较快，往往出乎意料，同时也是难以应对的。这就要求我们做好预防措施，学习如何应对突发事件，并且提前开展演练，做到防患于未然，最大限度地减少突发事件中的人员伤亡和财产损失。

通常来说，按照事件的影响程度，我们可以把突发事件分为自然灾害、事故灾难、公共卫生事件、社会安全事件等四类。

而我们在服务学习的实践过程中，可能发生的突发事件有哪些呢？一起来了解一下吧！

服务学习实践中可能发生的突发事件

分　类	举　例
人身安全	如交通事故、火灾、落水、食物中毒、踩踏等
常见疾病	如中暑、发烧、摔伤、传染病等
天气灾害	指由于天气状况，如暴雨、冰雹、泥石流等
人员流动	如成员生病、请假、临时调动等
发生纠纷	指在实践活动中，小组内部或者与外部人士出现争执、打架等情况
失去联系	指因种种原因，无法与小组成员取得联系

（二）如何应对突发事件

1. 处理突发事件应遵循的原则

第一，要保持冷静，不惊慌失措，从容应对。

第二，要尽最大的努力保护人身安全，减轻危害程度。

第三，要调查清楚问题根源，确保万无一失后再采取行动，避免二次伤害。

第四，要发挥团队的力量，由项目负责人统一领导，协调分工，以便迅速做出反应。

第五，要积极寻求帮助，在遇到解决不了的问题时，应积极向家长、老师等人寻求帮助，以便获得更好的解决办法。

2. 突发事件的应对措施

突发事件及应对措施

分　类	应对措施
人身安全	• 牢记 110、120 等急救电话，出现严重安全问题时应立即拨打电话，并立即组织抢救； • 保护好现场，有序撤离至安全地点； • 安抚伤员情绪，询问、检查受伤情况，及时送至医院检查、诊治； • 立即成立事故处理小分队，分别负责家长、公安、医疗、保险各方接洽，妥善处理
常见疾病	• 提前了解活动场地附近的医院、诊所； • 针对常见疾病，如感冒、中暑等，可提前配备感冒药、藿香正气水等药物； • 在行动中突发疾病，应尽快就近送往医院
天气灾害	• 活动前一天了解天气情况，通知团队成员做好相应准备； • 出发前遇到极端天气，及时做出延时、变更、取消等安排； • 高温、严寒天气不宜开展行动，适当调整日程安排，另外选择合适的时间开展； • 事先与活动场地负责部门取得联系，若因天气原因无法在户外开展活动，可请相关部门协调解决转入室内开展
人员流动	• 每项活动任务尽量安排两人以上负责，确保人手充足； • 加强技能培训，尽量保证每个人都能够执行两种以上的活动任务； • 增强请假规则意识，如因生病等情况需要请假的，应至少提前 2 天告知负责人，以便及时增补人员； • 遇到突发情况第一时间汇报，进行人员调整
发生纠纷	• 严格要求团队成员，切忌莽撞行事，尽量避免与他人发生口角； • 成员在遇到棘手的、无法处理的问题时，应及时向团队汇报； • 团队成员应互相关心、互相帮助和理解，遇到问题共同解决
失去联系	• 团队集体行动，不允许擅自离队，如需离队，先向团队负责人请示并随时保持联络； • 外出行动尽量伙伴结对，避免单独行动； • 如发现同学走失，切不可大意、拖延，应立即上报指导老师，并立即组织就地寻找

想一想：

图中的场景分别是遇到了什么样的突发事件，小伙伴们又是怎么处理的呢？

在服务学习的过程中，你遇到了哪些突发事件？你是如何处理的呢？

我的突发事件应对清单

事　件	应对措施

（三）服务剧场——智勇大闯关

欢迎来到服务剧场，在这里我们会上演精彩的服务学习情景剧，下面是关于“突发事件”的两个小剧，和团队的小伙伴们一起来闯关吧！

剧场一：天降大雨

1. 情境设置

乐乐负责的服务学习活动正在室外进行，突然间刮起大风，乌云满天，眼看着大雨将至，同组的天天小声嘀咕，怪乐乐没有事先查看天气预报……乐乐该如何应对呢？正在进行的活动又该何去何从呢？

2. 情景模拟角色扮演

角色1：乐乐

角色2：天天

角色3：小组成员1

角色4：小组成员2

3. 情景模拟实施

分组与任务分配：4名同学一组，每组成员分别扮演一个角色。

时间：10分钟

实施：按照预定的角色分工进行即兴表演。

4. 评价环节

（1）小组互评，选出“我最喜爱的情景剧”。

（2）教师点评。

剧场二：团队成员走失

1. 情境设置

嘉嘉负责的服务学习活动在地铁口举行，大家都积极地向路人发放宣传手册。在活动结束时，嘉嘉召集团队成员确认人数，发现同组的贝贝同学不见了。贝贝到底去哪儿了？接下来，又会发生什么故事呢？

2. 情景模拟角色扮演

角色1：嘉嘉

角色2：贝贝

角色3：老师

角色4：家长

3. 情景模拟实施

分组与任务分配：4 名同学一组，每组成员分别扮演一个角色。

时间：10 分钟

实施：按照预定的角色分工进行即兴表演。

4. 评价环节

（1）小组互评，选出“我最喜爱的情景剧”。

（2）教师点评。

服务剧场邀请函

亲爱的同学们：

在服务学习的过程中，发生了哪些意料之外的突发事件呢？你们又是如何应对的呢？欢迎将它编写成情景剧。

快和伙伴们一起将它搬上舞台吧！

服务剧场诚挚邀请

反思篇

第六章　反思，四方格里的成长

学习导航：

虽然行动必不可少，但反思却是服务的一个关键环节。反思，就是回头、反过来思考的意思。回头看一看，能让我们察觉服务中的不足与缺陷，能让我们接下来的服务项目更有质量。通过本章的学习，大家将掌握反思的方法和工具，并与同伴共同在反思中互相帮助、共同汲取营养，从而让我们的服务学习项目开展得更顺畅，更有价值！

反思，你准备好了吗

反思是一个充满活力、不断发展的过程，它把我们的学习、体验与个人的成长和认知整合在一起。利用反思，我们可以思索如何把获得的体验、知识和技能同自己的生活联系起来。通过反思，我们能够认识到这个快速发展的世界需要经常地“按暂停键”，我们能够找到细节背后的意义，体验服务学习带给我们的成长。

我们在服务学习的过程中，除了实际的反思阶段，在行动之前、之中或之后，都可能出现，也就是说在调研、准备和计划、行动、展示的全过程中都包含反思的可能性。

（一）反思清单

反思绝不仅仅是对自己正在做或已经做过的事情进行报告或描述，而是将我们最初的设想与实际行动加以比较。在这个过程中，我们对自己、他人和世界会有各种新的理解，这种认识和情感上的交融会帮助我们更好地开展服务学习。

我们可以通过一些问题来对我们的服务学习过程进行回顾。当你回答完以下问题以后，相信你可以更好地进行反思，从而为填写四方格反思工具表做好了准备。

反思准备清单

1. 这次活动有什么特别之处？
2. 这次体验让你回想起什么？
3. 你学到了哪些你以前不知道的东西？
4. 你在服务现场的感受如何？从来到现场直至离开，你的感受发生了怎样的变化？
5. 如果给5年后的自己写一封信讲述这次的服务学习体验，你会对自己说什么？
6. 如何让我们付出的时间和努力更有影响？
7. 项目中还存在什么问题？
8. 为了让项目开展得更顺利，你有什么好主意吗？
9. 说出2件你学到的事情。
10. 说出2件你能做得更好的事情。

（二）为自己打打分

你对你们项目组的行动感觉如何？以 10 分为满分，请为团队打分。

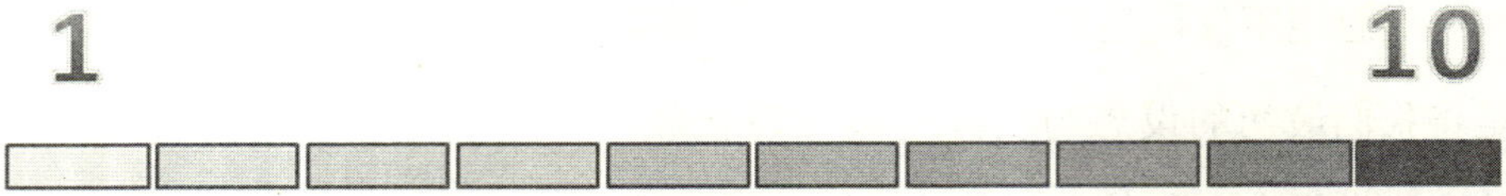

不如我们的期望　　我们的团队可以完成部分解决方案　　我们的团队对于我们的行动很满意

反思自评表

项目名称	
团队成员	
团队得分	
为什么	

（三）四方格反思工具

结合正在开展的公益行动，一起来填写四方格反思表吧。四方格反思工具表是一张开放式的表单，简单的四步，就能让我们反思自己的行动，收获满满的正能量。

学生四方格反思工具表

姓名：　　　　　　　　　　　　　　　时间：

项目名称：

<table>
<tr><td>发生了什么
（在项目中，发生了哪些让你觉得难忘的事情或故事，请描述你所想到和观察到的事情或故事）</td><td>有何感受
（你的感受如何？在项目中，你的心情和感受如何，请记录你的心理活动和情感反应）</td></tr>
<tr><td>有哪些主意
（你有什么主意？你有哪些好主意可以让项目变得更好，所有的主意都受到欢迎，你可以根据实际情况，开动脑筋想出新的方案）</td><td>有哪些问题
（你有什么问题？在项目中，你认为还有哪些需要解决的问题，你可以提出你心里的困惑和你发现的问题，帮助团队顺利进行接下来的服务学习）</td></tr>
<tr><td colspan="2">教师评语：</td></tr>
</table>

以小组为单位，评一评伙伴们的反思表吧！

学生反思互评表

评价对象	同　学
你觉得他/她的反思表写得怎么样？	1. 你认为他/她是一个细心的观察者吗？ □是　　　　□不是 2. 你认为他/她的感受真实吗？ □真实　　　　□不真实 3. 你认为他/她提出的主意有创意吗？ □非常有创意　　　　□有创意　　　　□一般 4. 你认为他/她提出的主意可行吗？ □可行　　　　□不可行 5. 他/她有没有找到关键的问题？ □有　　　　□没有
他/她的反思对你和你的项目有什么启发？	
接下来，你会因此有什么改变吗？	

我的反思 TED 演讲

反思的形式是多种多样的，除了四方格反思工具，我们还可以通过音乐、日记、演讲、戏剧、讨论、散文等各种形式展开反思，表达自己的所思所想。

（一）认识 TED 演讲

同学们，你们知道风靡全球的 TED 演讲吗？短短的十几分钟，来自各个领域的演讲人就能给观众带来一场精彩的演讲。反思是一个“暂停键”，它给我们时间去探索我们正在学习的内容所具有的影响效果以及对自己的思想和未来的行动所起的作用。相信，通过反思的过程，你肯定有很多话要对自己的同伴说，那么，就让我们一起来一场“服务与反思”的总结演讲吧！你可以通过演讲和伙伴们分享你的所想所思，也可以表达对某个伙伴的谢意，甚至可以谈谈你对行动方案的改进与设想！

多种形式的 TED 演讲

（二）为 TED 演讲做准备

出色的演讲主题鲜明，内容切合实际，具有洞察力，又给人新鲜感。为了发表一次出色的演讲，演讲人必须做大量准备工作。即使经验丰富的演讲人也要做准备工作并进行练习。为了准备好这次 TED 演讲，让我们一起来填一填准备清单吧！

TED 演讲准备清单

姓　名		服务项目	
演讲题目		演讲时间	
我的 TED 演讲	我的演讲主题		
	我准备讲哪些事情		
	我的主要观点	1. 2. 3.	

（三）从演讲中收获智慧

经过了充分的准备，相信你一定为伙伴们带来了一场精彩的演讲，对自己的演讲做一次客观的评价吧！

TED 演讲自评表

我的演讲得分	得分（满分 100）
我的演讲情况	1. 你认为你的演讲成功吗？ □是　　□不是 2. 你认为你的演讲与自己的预期相符合吗？ □符合　　□不符合 3. 如果再给你一次机会，你认为你会做得更好吗？ □可以　　□也许不行
你认为你的演讲中最出色的地方是什么	
你认为你的演讲中不足的地方是什么	
你有什么好方法，能让自己的演讲更出彩	

听完了伙伴们的演讲，你又有哪些收获呢？收获可以是源于演讲的技能，也可以是对你的服务学习项目有帮助。一起来填一填感悟单吧！

TED 演讲感悟单

谁的演讲让你收获最大	姓　　名： 演讲题目：
你觉得他/她的演讲最出色的地方是什么	
你从他/她的演讲中收获到了什么	
接下来，你会因此有什么改变吗	1. 2. 3.

分享篇

第七章　分享，我的服务学习故事

学习导航：

经历了温暖人心的服务学习行动之旅，我们如何记录过程中的点点滴滴，如何将内心的感受和收获传递给更多的人呢？这就需要我们学会总结和分享。在本章，我们将共同学习如何捕捉精彩瞬间，如何成为一个会讲故事的人，如何利用媒介传播打造影响力，将我们的服务学习行动分享给更多的朋友。能够公开展示我们的所学所思，本身就是一种成就。一起努力吧！

捕捉行动中的精彩瞬间

分享也是一种展示，能够让大家看到我们在服务学习中学到了什么，怎么学习以及有何成就。可以说，我们的分享内容是由一个又一个精彩的瞬间共同组成的，因此，要想完成一次精彩的分享，首先就要学会捕捉精彩的瞬间。

（一）什么是精彩瞬间

在我们的生活中，经常有一些难忘的时刻，它们往往包含了特殊的记忆和情感，成为我们脑海中抹不去的画面：同学们专心听讲是课堂上的精彩瞬间；足球小将们努力训练是绿茵场上的精彩瞬间；舞蹈演员们专业、整齐的动作是舞台上的精彩瞬间；小伙伴们集体演绎生动形象的互动小剧是实践活动中的精彩瞬间；愉快地亲子游戏是操场上的精彩瞬间……

生活中的精彩瞬间呈现

想一想：

在生活和学习中，你还发现了哪些精彩瞬间呢？请与伙伴们分享让你难忘的精彩瞬间。

（二）如何捕捉精彩瞬间

只要有心，我们的生活中处处都是精彩瞬间。摄影师通过相机来抓住精彩瞬间，画家通过手中的画笔来描绘精彩瞬间，作家通过写作来记录精彩瞬间……那么，如何捕捉这些精彩瞬间呢？

不管是照片、视频还是绘画作品，要想传神，要想打动人心，一定是作者借助作品向大家讲述故事。没错，每一张照片、画作，每一段视频，背后都有专属的故事。在第一届入选的服务学习项目中，我们看到了很多同学们自己捕捉的精彩瞬间，他们在日记中不仅留下了照片，更用文字记录下了照片背后的故事和自己的触动。下面是“影为爱”团队拍摄的照片，听听他们是如何讲述照片背后的故事吧！

【案例】　　“影为爱”背后的故事

这张照片拍摄于首都新机场的建筑工地。在去之前，我们了解到这里的建筑工人长期在外打工，一年到头只有在过年的时候才能回一次家，于是我们决定为他们拍摄一组照片，排版装订好之后邮寄给他们的孩子，让他们知道父母工作的场景，理解父母的辛苦。

在工地我们见到了外来务工人员代表王叔叔。当我们问道：“您不在孩子身边，您想他们吗？”这时，王叔叔愧疚地说：“怎么能不想呢，我们的工作常年不能陪在孩子身边，尤其是孩子生病的时候，家里就孩子妈妈一个人，抱起孩子根本就顾不上天黑路远，一个人带着孩子去看病。想起这些我对孩子们是很愧疚的，不知道他们能不能理解我。”

这时，王叔叔——一个快一米八的大汉，泪水充满了眼眶，王叔叔对孩子的思念和愧疚之情深深地打动了我们，于是，我们拿起相机，拍下了这一幕，并把这幅作品命名为《思念》。

每当看到这张照片，我们总能回想起这些外地务工人员的辛苦和他们的贡献。希望通过我们的项目，能为这些外来务工人员和他们的孩子架起一座爱的桥梁，传递思念，传递亲情。

（三）实训：捕捉项目中的精彩瞬间

在服务学习中，我们要善于捕捉团队行动中的精彩瞬间，团队中要有专人负责记录行动中的每一步，记录的形式不仅仅是照片，还可以通过视频、绘画、文字等形式呈现。

请选取一张服务学习项目中的精彩瞬间照片，并试着讲述照片背后的故事，说说你为什么觉得这张照片精彩，照片背后又有怎样的故事，分享给小伙伴们吧！

图　片	图片背后的故事
图片粘贴处	

除了拍照，你们团队还通过什么方式来捕捉精彩瞬间呢？试着讲述这些精彩瞬间背后的精彩故事，并在组内评选出“我最喜爱的服务学习故事”。

精彩瞬间记录方式	精彩瞬间展示	讲述精彩瞬间背后的故事
（视频）	（视频链接）	（讲述视频中的故事）
（绘画）	（绘画作品粘贴处）	（讲述画中的故事）
……	……	……

展示服务学习故事

故事源于生活，好的故事已经成为一种有效的艺术表现形式。每个人的生活中都少不了故事，爱听故事是人的天性。会讲故事，让我们更容易与他人沟通，拉近彼此之间的距离。

（一）什么是服务学习故事

好的故事生动形象，引人入胜，一下子就能抓住听众的心。同样，当我们听到或看到一个好故事时，就会在自己的想象中将它建立起来，并牢记在心。储存在人类大脑中的记忆往往是各种各样的故事，故事有开始、过程和结局，即使时间久了，大家仍会记得故事以及其中所隐含的智慧。

在服务学习中，我们有很多难忘的回忆，那是属于我们自己的故事。通过故事的形式将服务学习中的经历展现出来，让更多的人了解我们正在做的事情。

回想一下，在服务学习的过程中发生了哪些难忘的事情，我们又如何寻找到属于自己的服务学习故事呢？让我们走进故事工坊，一起收集记忆——建构故事——“制作”故事吧！

故事工坊

Step1：收集记忆

记得步骤行动中的思维过程。将团队集合起来，讨论你们在行动中最难忘的事情、步骤惊喜、开心的时刻、启发的时刻，还有面对的挑战，并把这些放进你的故事中。

Step2：建构故事

构建故事

团队

- 你的团队中都有哪些人？
- 你与谁一起行动？

挑战

- 挑战是什么？
- 你在开始时如何理解这个挑战的？
- 你怎样理解改变？为什么？
- 你的影响是什么？
- 你希望接下来做什么？

过程

- 过程中令人激动的是什么？
- 你想出了多少主意？
- 困难是什么？
- 你什么时候收获最多？
- 过程中最有价值的部分是什么？

Step3：“制作”故事

- 确保你在故事中捕捉到了真实的行动和感受。
- 试着搜集一些过程中的照片，用它们进行展示。
- 把社区、其他同学、老师和家长的反馈也包括进来。
- 试着将你的故事写出来，记住一定要富有真情实感。

试着运用“故事工坊”中的方法，编写服务学习故事并讲给组内的伙伴，并在小组内部进行投票评选，选出最受欢迎的服务学习故事。

我的服务学习故事清单

我的服务学习故事	
选择这个故事的理由	
同伴这样评价我的故事	
我最喜爱的服务学习故事及理由	

（二）讲好服务学习故事——影响更多的人

我们在讲述服务学习故事时，可以借用多种表达形式来增强效果，如演讲、颂诗、漫画、摄影展、舞台剧等。不同的表达形式具有不同的特点，表达的效果也不尽相同。我们可以根据自己的故事选择适合的表达形式，给听众营造身临其境的感受。

不同的表达形式及其特点

表达形式	特　点
演讲	适合个人故事讲述，需要演讲者具备较好的语言表达能力，声情并茂，抑扬顿挫，带动整体气氛
颂诗	可以是个人，或者小组合作一起诵读，更具气势，并且有极强的感染力
漫画	是一种幽默诙谐的表达形式，可以非常活泼地讲述故事，在向年龄较小的观众展示故事时有较大优势。漫画能拉近与听众之间的关系，在愉快轻松的氛围中讲述故事
摄影展	更直观地呈现画面，重现故事发生的场景，视觉冲击更大。摄影展有较强的主题性，能够集中展示背后的故事
舞台剧	能够真实地还原故事发生过程，具有极强的代入感，将观众引入故事，使其产生更直接的感受。舞台剧同时具备灯光、音响、舞美等效果，能够带来震撼的视听效果，但是对剧本和演员的演绎要求较高
相声	是喜闻乐见的一种故事讲述方式，幽默、有趣的语言，问答、互动等形式，拉近与听众的距离

英语是世界第一大通用语言，用英语传播我们的服务学习项目，向世界讲好公益故事，不仅可以争取世界公益组织的支持，还能把我们所做的公益行动分享给全世界的小伙伴们，呼吁全球的伙伴们一起行动，吸引更多的人参与到我们的项目中。

请你试着用英语向联合国儿童基金会写一封信，描述你所做的服务学习项目，并说明你希望寻求哪些帮助。

Dear Mr. /Mrs.

My name is ______, I am a student from Shijia Primary School . I'm very excited to introduce you to a public interest project called ___________, which is initiated and run by me and my friends in our studies of the Service-Learning course. This project is ____

____

Best Regards

（三）来，策划一场属于你自己的服务学习 SHOW

在第一届入选的服务学习项目展示中，每个项目组都各显其长，为大家展示了精彩的服务学习故事。有的项目组策划了生动有趣的舞台剧，有的项目组带来了震撼人心的诗歌朗诵，有的项目组邀请受助人一起同台表演……精彩的展示不仅让大家看到了项目组的行动与付出，也让更多的人通过故事了解项目，扩大了项目的影响力。

【案例分享】　　“八段锦进社区”展示

吴鋆玚同学发起的“八段锦进社区”项目通过走进社区，向居民教学八段锦的形式，弘扬中国传统文化，帮助社区居民强身健体的目的。

“八段锦进社区”项目在分享环节中，采用现场展示的方式，邀请体育总局的张琦老师带领大家在现场表演八段锦，还邀请附近社区的爷爷奶奶上台，共同展示了整齐标准的八段锦动作，将行动过程和结果展示给现场观众。社区的一位奶奶作为代表现场发言，讲述了参与活动的感想，还表达了对项目小组的感谢，并鼓励项目组将“八段锦进社区”项目继续下去。

“八段锦进社区”活动现场

【案例分享】　　“有故事的古树”展示

郭芷青同学发起的“有故事的古树”项目通过寻找北京地区有故事的十大古树，挖掘古树背后的历史故事，号召更多的人关注并保护古树，在古树故事中进一步宣传民族历史。

“有故事的古树”项目在分享环节为观众带来了一场精彩的诗歌诵读。富有韵律的诗歌和生动形象的舞台表演，既展示了项目行动过程，又感染了观众，让大家感受古树的魅力，加入到古树保护的行列中。

“有故事的古树”活动现场

看到伙伴们如此精彩的服务学习故事展示，你是不是也跃跃欲试了呢，和组内的伙伴一起动手策划属于你们自己的服务学习 SHOW 吧！

我的服务学习 SHOW 策划表单

项目名称		项目组成员	
展示形式			
展示方案			
展示分工			
可能会遇到的问题			
计划如何应对问题			

综合练习

同学们，在全程参与了“服务学习”课程的学习，跟随伙伴们一起经历了认识篇——发现篇——计划篇——行动篇——反思篇——分享篇后，相信这次独特的体验已经给你们带来了不一样的体验，相信你们也有很多的收获，留下你们的课程学习感言吧，这将会让你们深刻感受到服务学习的价值！

“服务学习”课程反馈表

<table>
<tr><td rowspan="6">学习成果</td><td>第一章</td><td></td></tr>
<tr><td>第二章</td><td></td></tr>
<tr><td>第三章</td><td></td></tr>
<tr><td>第四章</td><td></td></tr>
<tr><td>第五章</td><td></td></tr>
<tr><td>第六章</td><td></td></tr>
<tr><td>学习感悟</td><td colspan="2"></td></tr>
<tr><td>学习中的
主要问题</td><td colspan="2"></td></tr>
<tr><td>意见及建议</td><td colspan="2"></td></tr>
</table>

第二部分 典型案例

2016 年 10 月至 2017 年 6 月，我们开展的“服务学习”课程，共计收到 1078 份提案，我们从中精选了“影为爱”“暖冬红围巾计划”“为井盖穿上彩衣”“放下手机让我们在一起”“八段锦进社区”“CPR 知识讲堂”“古琴文化伴你行”“有故事的古树”“争做文明旅游小达人”共计 9 个项目，作为典型案例详细为大家展示服务学习的全过程。

“服务学习”课程由学生自主发起公益创想、组建团队、制定项目策划书，并在教师的指导下，逐步将公益梦想变成公益行动。案例集全程记录了孩子们的参与、付出和贡献，也见证了一路以来孩子们的收获与成长。孩子们在服务中学习，在学习中服务，将服务与学习紧密结合。这些项目既是孩子们真诚的童心，隐含着孩子们对生活的无限热爱，同时也是一个极好的教育契机。在服务学习的过程中，孩子们亲身经历了从发现问题到解决问题的过程，他们有过争执、有过挫折、有过忐忑、有过喜悦……这些真实的感受都是他们宝贵的经历与收获。在潜移默化中，孩子们的社会责任感、创新精神、实践能力得到了极大的提升，同时他们的思维力、领导力、沟通力以及团队合作能力也得到了培养。

“服务学习”课程在润物细无声中带给孩子们一种浸润式的教育体验，在孩子们幼小的心里埋下了一颗公益的种子，并在史家小学这片沃土上发芽、开花、结果，希望这些服务学习项目能在史家小学传承下去，影响一批又一批“史家人”。

影为爱

“影为爱”服务学习项目由史家小学四（5）中队姚悦礼同学发起，四（5）中队全体成员共同参与完成。项目指导教师为史家小学化国辉老师。“影为爱”项目自2016年12月发起，至2017年7月圆满结束。项目组用镜头记录下为北京城市建设添砖加瓦的外来务工人员平时工作和生活的影像，并将这些影像制作成相册送给留乡的小朋友们，让他们了解爸爸妈妈工作和生活的地方，身临其境地感受到爸爸妈妈的辛苦，懂得感恩爸爸妈妈的付出，了解爸爸妈妈在平凡的岗位上做出的不平凡的贡献。在半年多的时间里，项目组分别去往首都新机场、通州北京城市副中心等地进行了实地采访、拍摄，累积摄影作品4000余张，编写采访随感40余篇，并在“798”百年印象画廊举办主题影展，受到人民网、通州新闻、新浪、搜狐、网易、千龙网等多家主流媒体的高度关注。

指导教师推荐序

2016年11月初，首次听到学校要面向全校学生征集公益创想，并对优秀的项目发放梦想基金，支持孩子们自己策划、完成公益项目。活动的形式深深吸引了我，我认为这是一个极好的教育锻炼学生的契机，在这样的活动中孩子们获得的成长，是一般课堂教学所不能获得的。基于此，我在出差途中通过班级家委会向全班学生提出参与此项活动的倡议，得到了大家的积极回应。短短几天内，我们班收到项目提案30余份，经过层层筛选，最终“影为爱”项目脱颖而出，并成功获得了梦想基金。

“影为爱”项目是姚悦礼同学发起的创想，触发他提出这个创想的是源于生活中的一件小事情：每逢过年爸爸妈妈都会带他回湖南老家，在那里，他结识了许多村里的同龄人，他们的父母大多到大城市打工，一年到头也难得见到一次，因此小朋友非常想念远方的爸爸妈妈。回到北京以后，他发现自己身边也有许多在北京打工的叔叔阿姨远离家中的孩子，为建设美丽城市贡献力量，也为孩子们的生活而辛勤打拼。于是，姚悦礼萌生了和几位小伙伴一起帮助留守的小朋友建立一种与家人交流的纽带的想法。

随着“影为爱”项目的启动，孩子们也开始了他们的行动。选定项目组成员、制定详尽的实施计划、拟定邀请专家名单……作为四年级的学生，孩子们竟然做得头头是道，井然有序，我悬着的心终于慢慢放下。在姚悦礼的感召下，四（5）中队的全体同学都参加到这个项目中来，部分家长也积极响应。一个偶然的机会，著名摄影艺术家陈长芬老师得知孩子们开展的“影为爱”公益活动，深受感动。在陈老师辗转半生的摄影生涯里，多少大情小爱都凝结在他的照片中，“影为爱”引起了陈老师的共鸣，他觉得孩子们很了不起，竟有这样的大爱胸怀。于是，陈老师答应孩子们亲自给他们进行摄影培训，还帮助姚悦礼和他的伙伴们大力宣传此项活动，呼吁更多的人支持“影为爱”行动。在由北京国际摄影周组委会举办的“名家月月谈”摄影讲座上，陈长芬老师特意向现场观众介绍了“影为爱”活动，并邀请孩子们上台与观众进行了交流。同时，陈老师还邀请新华社高级记者于志新作为孩子们的摄影指导老师，共同参与这项公益活动。在演讲即将结束的时候，陈老师赞扬孩子们为可以预见的未来，并号召爱好摄影的同仁参观孩子们的“影为爱”摄影展。

在各界人士的关怀下，“影为爱”项目实拍前摄影培训顺利开展。孩子们邀请到国家一级摄影师谢忱老师、新华社高级记者于志新老师、著名摄影艺术家陈长芬老师等多位摄影专家前来授课。老师们用深入浅出的语言给孩子们讲解了好照片的构成因素：好的立意、鲜明的主题、好的技巧、构图、用光、良好的吸引力……除了这些技术因素，老师们还分享了更为重要的摄影哲理：好的照片一定是有温度的、能够打动拍摄者的照片。在老师们图文并茂、循循善诱的讲解下，孩子们个个听得津津有味，家长志愿者们也受益匪浅。在短短几周的时间里，孩子们初步掌握了基本的摄影技巧。虽然大部分孩子是第一次接触专业的摄影知识，但他们在课堂上和老师的热烈互动、对摄影的领悟、对这次公益拍摄的热情深深地感染了家长和老师们。

随后，以姚悦礼同学为主的项目组核心成员选取了首都新机场、通州北京城市副中心、社区、花圃、街头等地作为拍摄地点，并积极展开沟通对接，确认拍摄事宜。项目实施的几个月来，孩子们跟拍过花艺师傅，跟拍过医药配送中心的库房工作人员，跟拍过首都第二机场的建筑工人……这一路，他们零距离接触到了可爱的建设者们，体会那些平凡工作岗位上的坚守与奉献，在那些朴实的笑容和辛劳的背景之下，孩子们深深动容于这些背井离乡的在京务工人员的不易，感动于他们对孩子对家人的思念，他们也由此真正体会到了父母的辛苦。许多孩子在参加了“影为爱”项目以后，不仅对身边的外来务工人员多了一份尊敬，对自己的父母更是多了一份理解。

眼看着“六一”儿童节马上就要到了，学校给孩子们提供了展示分享的舞台。孩子们都积极为项目展示工作建言献策，贡献自己的小妙招。有的孩子提出要做一份精美的宣传 PPT，选取精彩的照片展示给观众；有的提出可以表演一个小品，把拍摄的过程表演给大家看。这些都给项目组极大的启发，姚悦礼同学说：“大家的妙招都很好，给了我很多启发。我想不如把拍摄的叔叔阿姨和他们的孩子邀请到现场，对于他们来说，能见上一面就是最好的礼物!”姚悦礼的提议得到了大家的一致认可，项目组成员们也积极联系拍摄对象，协调现场汇演的事宜。

在“六一”儿童节当天，项目组核心成员现场展示了摄影照片，并邀请河北省邯郸市丛台区小学一年级常旭尧小朋友作为代表现场赠送了影集。同时项目组成员们还给常旭尧小朋友带来了一份意外的惊喜，把他的妈妈——一位首都第二机场的建设者——邀请到现场。孩子和妈妈见面的场景也触动了现场观众，大家眼里含着泪水默默看着、听着，不时报以热烈的掌声。活动结束后，孩子们还带着常旭尧小朋友和他的妈妈参观了我们美丽的校园，为他们讲解了史家小学的校史，参观了学校的礼堂、演播厅、天文馆。

为了扩大项目的影响力，项目组核心成员们决定策划一场以“影为爱”为主题的摄影展，呼吁更多的人关注外来务工人员，关心留守儿童。在各方的支持下，2017 年 7 月 8 日，“影为爱”主题摄影展在“798”百年印象画廊顺利展出，摄影大师陈长芬、首都新机场建设单位领导参加了影展开幕式，两天展览期间参观人员络绎不绝。项目组从五个摄影小组拍摄的 4000 多张摄影作品中挑选了具有代表性、故事性的 43 张照片，这些照片有的展示了工人们认真负责、严谨细致的工作状态，有的传递出他们的思乡之情，有的则是工人们看到自己的劳动成果时的喜悦之情……影展过程中还不时有参观者向这些“小摄影师”询问照片中主人公的故事和当时拍摄的情况，这些 9 岁的孩子，都能说得头头是道、真情流露。看着参观者们面对孩子们的作品时专注的神情，看着项目发起人姚悦礼面对北京电视台的镜头接受采访时的侃侃而谈，回想起半年多前大家对这个活动还知之甚少，到孩子们能够顶着烈日、冒着酷暑为了影展忙碌，从联系场地、确定时间、选取作品，再到邀请专家名人出席活动……正是有了孩子们的这些努力，才有了影展上络绎不绝的参观者，而这一切也更加坚定了孩子们做公益的决心。

作为指导老师，我认为“影为爱”项目与众不同之处，就是通过孩子的视角关注社会热点问题，培养学生的社会责任感。活动对学生的成长起到了极高的锻炼价值，正如发起人姚悦礼妈妈所说，这个活动改变了孩子原有的思维方式：有一天，她们在小区散步，忽然看到一只流浪狗，如果是以前，孩子总是会说如何给小狗一点吃的，而现在孩子看到这个情景想到的是能不能想个方案来呼吁小区的人都来帮助这些流浪狗。这种改变恰恰是我们在教育实践中希望实现，却又很难实现的。

半年多来，我亲身感受到孩子们的变化和进步，他们对自己的学习更有责任感了，更努力了。就拿平时学习生活中不够自信的方晨曦同学来说，自从参加了“影为爱”活动，有了非常可喜的变化，课堂上有了他主动回答问题的身影，课下他也能更加主动的参与到同学们的课余活动之中了，在“影为爱”的活动开展过程中也越来越多的听到了他的想法。同时，孩子们还更加珍惜与父母在一起的美好时光，对父母多了一份感恩。面对孩子们的这些成长与改变，我由衷地觉得服务学习既帮助了他人也成就了孩子们。“影为爱”不仅仅是一个公益项目，更是一个公益品牌，是师生、家长共同的成长经历。

指导教师：化国辉

创想梦工厂——种下一颗公益的种子

（一）创想动因

项目发起人姚悦礼同学在回湖南老家过年的时候，发现许多农村小朋友的爸爸妈妈大部分都在城市里打工，这些小朋友一年到头也很难见到爸爸妈妈一次，小朋友们非常想念父母。在北京也有许多外来务工人员，他们远离家中的孩子，在为建设美丽的城市贡献力量，也为孩子能过上好生活而打拼。

很多小朋友对父母的工作并不了解，于是项目组萌发了用相机镜头记录他们的父母在外工作和生活的影像，在孩子和父母之间架起一座爱的桥梁，让孩子了解爸爸妈妈的工作和生活，懂得感恩爸爸妈妈的付出；也让他们知道父母对他们的思念，让他们深深地感受到父母虽然不能跟他们每天生活在一起，但心是紧紧牵挂着孩子的。同时，项目组还通过原创主题摄影展的形式，呼吁更多的人关注外来务工人员和留守儿童。

（二）团队介绍

“影为爱”团队情况

<table>
<tr><td>发起人及总负责人</td><td>姚悦礼</td><td>男，9 岁，史家小学四（5）中队学生，活泼开朗，爱好广泛，善于交往，富有爱心，爱好摄影，是学校天文摄影社团的一名成员</td></tr>
<tr><td rowspan="4">团队伙伴</td><td>方晨曦</td><td>男，9 岁，善于交往，有较强的社交能力，团结同学，踏实肯干，充满爱心，爱好绘画和摄影，在项目中负责摄影工作</td></tr>
<tr><td>袁健豪</td><td>男，9 岁，活泼开朗，善于交往，富有爱心，有较强的动手能力，爱好体育和舞蹈，在项目中负责宣传和推广工作</td></tr>
<tr><td>陈书豪</td><td>男，9 岁，性格活泼开朗，做事积极认真，善良勇敢，热爱运动和绘画，在项目中负责后期宣传工作</td></tr>
<tr><td>岳佳琳</td><td>女，9 岁，性格开朗，善于沟通，有一定的交往和社交能力，在影展中负责宣传工作</td></tr>
<tr><td>指导教师</td><td>化国辉</td><td>关心热爱学生，组织学生开展丰富多彩的教育活动，有近 20 年的从教经验，是学生和家长喜爱的班主任，所带班级多次获得优秀班集体和优秀中队</td></tr>
<tr><td rowspan="3">专家顾问</td><td>陈长芬</td><td>美国《时代》周刊评选的世界十大摄影师之一，学生摄影工作指导老师</td></tr>
<tr><td>于志新</td><td>新华社高级记者，学生摄影工作指导老师</td></tr>
<tr><td>谢忱</td><td>国家一级摄影师，资深图文编辑，学生摄影工作指导老师</td></tr>
</table>

（三）实施过程

“影为爱”项目自2016年12月发起，至2017年7月圆满结束，共分为筹备计划、现场拍摄、爱心传递、宣传展示四个阶段。

第一阶段（2016年12月至2017年2月中旬）：筹备计划阶段。这一阶段，主要确立项目合作伙伴，制定实施方案；与相关单位沟通联系，确定拍摄对象、地点等，撰写采访提纲，确定拍摄主题；准备拍摄设备，开展摄影培训，邀请摄影专家讲解纪实摄影技巧。

“影为爱”项目组成员在筹备阶段

第二阶段（2017 年 2 月下旬至 4 月）：实地拍摄阶段。按照计划，项目组相继走进翰皇修鞋店、首都新机场、通州城市副中心、安捷利尔医药公司进行实地拍摄，用镜头记录外来务工人员的工作、生活场景。

影为爱小记者：您的老家在哪里？
修鞋店叔叔：湖北。
影为爱小记者：您是什么时候来北京打工的？
修鞋店叔叔：2011 年来北京的。
影为爱小记者：您做这份工作多久了？
修鞋店叔叔：六年了。
影为爱小记者：您每天做什么？
修鞋店叔叔：就是修皮鞋、清洗皮鞋。
影为爱小记者：您每天辛苦吗？
修鞋店叔叔：做一份工作是必须辛苦的。
影为爱小记者：您心中最大的愿望是什么？
修鞋店叔叔：多挣点钱，回家带孩子。
影为爱小记者：您孩子现在几岁了？几年级？
修鞋店叔叔：大儿子六年级，十二岁。小儿子两岁半。
影为爱小记者：是什么让您坚持到了现在？
修鞋店叔叔：就是干活挣钱，养孩子。
影为爱小记者：您认为最幸福的生活是什么样子的？
修鞋店叔叔：全家团聚。
影为爱小记者：这些年您最大的欣慰是什么？
修鞋店叔叔：孩子慢慢长大了，平平安安的。
影为爱小记者：谢谢您接受我们的采访，希望您与孩子早日团聚。

翰皇修鞋店的工人与“影为爱”项目组成员

2017 年 2 月 25 日，项目组采访翰皇修鞋店的工人师傅，拍摄照片并完成采访。

2017 年 3 月 3 日，项目组走进大兴区国家重点建设项目——首都新机场，采访一线建筑工人。项目组核心成员与中国中铁航空港建设公司宣传部的刘宇部长、项目部罗玉清书记、毛国奇经理和外来务工人员代表王广兴师傅进行面对面座谈，并对工人代表进行详细提问，了解他们的工作、生活状况。同时，项目组跟随工人代表进行了生活体验，用相机记录感动瞬间。

"影为爱"项目组成员眼中的首都新机场的建设者们

2017 年 3 月 12 日，项目组来到通州大运河边的北京通州城市副中心建设工地，专门探访副中心的建设者。

“影为爱”项目组成员与北京通州城市副中心的建设者们

2017 年 3 月 22 日，项目组走进安捷利尔医药公司库房，采访配送员徐增，拍摄工作过程，记录精彩瞬间。

“影为爱”项目组成员与安捷利尔医药公司库房配送员徐增

第三阶段（2017 年 5 ~ 6 月）：爱心传递阶段。这一阶段，项目组选择精彩照片，联系印刷厂，确定相册模板，最终制戎相册，并邮寄给农民工朋友的孩子，保证他们在“六一”儿童节前收到相册。同时，项目组还积极筹备，参加学校“六一”儿童节汇演，邀请帮扶对象来到现场，展示项目实施过程。

“影为爱”项目组成员

第四阶段（2017 年 7 月）：宣传展示阶段。项目组主要负责筹备摄影作品展，邀请专家对拍摄的照片进行筛选点评，挑选展览照片，并完成影展前期的装裱、上墙、布展等工作，进行宣传展出。7月8~9日，“影为爱”项目在“798”百年印象画廊举办主题影展，摄影大师陈长芬、首都新机场建设单位领导都参加了影展开幕式，展览期间参观人员络绎不绝。同学们以自己的实际行动呼吁更多的人关注外地务工人员，关心留守儿童。

“影为爱”项目组成员

学生行动日记——记录公益之花盛开全过程

学生行动日记精选（一）

2017年3月3日　星期五　晴

四（5）中队　姚悦礼

今天我们“影为爱”项目小组来到了“首都的南大门”——首都新机场施工现场，我们想从这里找到我们这次活动的拍摄对象。中铁航空港建设公司的刘部长知道这个消息后，亲自带领项目部书记、经理和外来务工人员代表王师傅与我们进行面对面的座谈。他们先是给我们讲解了新机场的建设情况和工人们的生活情况，还带我们参观了工人们的生活区和部分工作区域。

在互动环节中，我们了解到这些外来务工人员，因为工作原因他们常年不能陪在孩子身边，尤其是在家人身体不适时和孩子学业方面根本无暇顾及，久而久之造成了与孩子之间的隔阂，提起这些也是他们最为愧疚和伤心的事。

孩子永远是母亲的心头肉，孩子的喜怒哀乐时刻牵动着母亲的心。我们可以时刻享受着母爱的滋润。可每当看到这张照片时，我的眼睛就会变得潮湿。照片中的母亲深情地望着手机中孩子的照片，满眼充满了疼爱，却又因为工作的关系不能陪伴在孩子的身边。像这样的外来务工人员还有很多，他们为了祖国的建设，不能与自己的孩子相伴左右，他们的内心充满了深深的愧疚。联想到我们自己是多么的幸福啊！我们要尽自己所能帮助他们，让他们的孩子也能感受到来自远方的父母对他们的那份关爱！

我想正是因为有了这些外来务工人员的默默奉献，才会在将来呈现给我们如此庞大恢弘的国家重点建设项目，我们被他们的奉献精神深深地打动，更让我们深刻地意识到我们所做之事的意义所在。希望通过我们手中的镜头记录下这所有感动的瞬间，能帮助他们与孩子和家人之间架起一座理解和沟通的桥梁。

希望通过我们“影为爱”这个公益活动，能让更多有能力的企业可以关注到外来务工人员这个社会群体，唤起社会对留守儿童的关注。希望能把这个公益活动一直坚持下去，从点滴中体现出对他们的关注和关爱。

学生行动日记精选（二）

2017 年 3 月 22 日　星期三　晴

四（5）中队　岳佳琳

今天，我和我们“影为爱”小组的同学们来到安捷利尔医药公司的库房，对我们的采访对象进行采访和拍摄。我们采访的叔叔叫徐增，他是来自河北农村的一名普通务工人员，在医药配送中心库房工作已经很多年了。每天徐叔叔和他的同事们按照客户的需求配货、复核、装卸，将一批批医疗物资送到各大医院。徐叔叔说：“这工作关系到人们的用药安全，不敢有半点马虎！”

我们跟徐叔叔聊天，发现他是个好学的人，上学时成绩很好，因为家

里条件有限，徐叔叔与大学擦肩而过。后来徐叔叔上了大专，学临床医学专业，毕业后，只身来到北京，凭借着基础的医学知识，得到了现在的这份工作。工作之余他都会抓紧时间读书、学习。徐叔叔跟我们说："这工作来之不易，我得不断充实自己，既为了胜任工作，也希望能给家里的孩子做个榜样。"

徐叔叔住在单位的宿舍，同时担负起库房的安全监管工作，每逢休息日、节假日，他都会认真检查各种设施、设备，做好各项值班记录。徐叔叔说："我得努力工作，要对得起我肩上的责任，为了人们的用药安全，为了能给在家的孩子创造更好的条件，我要一直走下去……"

采访结束了，我的感悟颇多。虽然他是一位普通的劳动者，可是他的"普通"之下却是一颗朴实无华、无私奉献、不求回报的心。

学生行动日记精选（三）

2017 年 6 月 19 日　星期一　雷阵雨

四（5）中队　董昊阳

今天下午，在大家殷切的期盼下，我们迎来了一堂别开生面的摄影大师课。我们邀请到了我国著名的摄影大师和影像艺术家陈长芬爷爷和新华社图片期刊社总编于志新先生，他们作为我们四（5）班“影为爱”公益项目的摄影指导，亲临现场为同学们带来了一场视听盛宴。

大家都对这次的摄影大师课怀着一颗非常好奇的心，不知大师们会以怎样的方式来给我们讲授如何拍摄出好的作品及其中的奥秘！随后陈老师和于主编结合他们的作品，讲授他们的创作经历和镜头背后的故事，用通俗易懂、诙谐幽默的语言为我们传授摄影心得。整个过程轻松、融洽，我和小伙伴们个个都意犹未尽。

起初，我们都很担心老师们讲授的内容会不会太专业、深奥难懂。实际上这根本不成问题，老师们虽然是业内的权威人士，但是他们都很平易近人，一点也不古板，反而很随和。更重要的是，他们都抱有一颗热爱生活的心，这从他们谈及作品镜头背后的故事就可以得知。陈老师教导我们不仅要善于观察，洞察细微，还要做到能吃苦，只有“去其浮躁，保持初心”，才能拍摄出好的作品。他还告诉我们，一幅好的作品一定要有生活、有爱，要用我们独特的视角去拍摄，不用过多修饰，这样才是最真实，最打动人的！

正如老师们所说的每幅作品都有它背后的故事。通过“影为爱”这个平台，同学们拍摄到的这些照片，其中传送了太多感人的故事。尤其是对远在家乡的那些留守儿童，希望他们能通过我们的照片拉近和父母的距离，体谅父母的辛苦。也希望通过我们“影为爱”这个公益项目呼吁社会，关心来京务工人员，尽可能多的创造机会给这些留守儿童的爸爸妈妈们，让他们能抽出时间多与他们的孩子相聚。传递正能量，温暖全社会！

学生反思工具——从回望中汲取前行的力量

学生反思精选（一）

提案名称：影为爱　姓名：姚悦礼　时间：2017 年 4 月 28 日

发生了什么	有何感受
经过几次去新机场工地，我们已经跟那里的叔叔阿姨变成了好朋友。每次我们到新机场，他们都热情地跟我们讲他们自己的故事，并且告诉我们，他们特别惦记他们的孩子，希望孩子们能理解他们的工作，也希望孩子们在老家能健康快乐，好好学习。	我发现这些叔叔阿姨都特别爱他们的孩子，也特别思念他们的孩子，但有时候他们的孩子不理解他们。我一定要帮助他们，为他们架起相互理解的桥梁。
有哪些主意	**有哪些问题**
每次参加活动，我们都受到大家的热烈欢迎，我们也帮他们解决了很多沟通问题，让他们和自己孩子的心紧紧相连。但光靠我和我同学的力量是不够的，所以我们计划举办摄影展，呼吁更多的人加入到我们当中！	因为我们的时间精力有限，不能够帮助更多的叔叔阿姨和他们的孩子，所以我们想一直把“影为爱”活动延续下去，呼吁更多的人跟我们一起“影为爱”！

教师评语

你作为行动总负责人，能够从生活中的一件小事发现需要帮助的人和事，而且你也坚持了这份善心，集合小伙伴的力量一起为外来务工人员和留守小朋友建立起一座沟通的桥梁，老师非常欣慰！在你们前往各个工地、街头进行采访和拍摄的时候，我看到了你们的成长和进步，老师为你们骄傲！

学生反思精选（二）

提案名称：影为爱　姓名：董昊阳　时间：2017 年 5 月 18 日

发生了什么

作为“影为爱”分支小队成员，我们负责对首都新机场建筑工地的外来务工人员进行采访和拍摄。在这里，我们看到了许许多多的外来务工人员。我们了解到为了祖国的建设，他们中的很多人不得不与自己的孩子和家人分离，但孩子有时不理解父母，甚至埋怨他们，这也是他们最为伤心的事。从他们的叙述中，我们可以感受到他们对家人深深的愧疚。希望通过我们“影为爱”公益活动，能引起社会对外来务工人员的关注，对留守儿童的关心。

有何感受

我们拿起手中的相机，用镜头记录下外来务工人员的工作、生活状态，将这些影像制作成影集送给他们远在家乡的孩子。在与他们的接触中，我们深深体会到了父母对孩子深厚的爱，也感受到自己生活的幸福，在帮助他人的同时也教育了我们自己。

有哪些主意

“影为爱”将举办主题影展，以我们的实际行动呼吁更多的人关注外来务工人员，关心留守儿童。我想还可以利用同学们手中已看过的书籍为这些留守儿童建立起流动图书馆，丰富他们的知识，开阔眼界，鼓励他们好好学习！

有哪些问题

关注外来务工人员，关心留守儿童是个社会问题。希望通过我们的公益活动，能呼吁社会上更多有能力的企业参与进来，将这个公益活动长期、可持续地发展下去，为外来务工人员及其子女带来更多福祉。传递正能量，温暖全社会！

教师评语

你和小队成员们一起经历了艰苦的拍摄过程，看到你们表现出来的坚强和勇敢，以及对待项目的认真态度，老师不禁为你们点赞，你们都是好样的！让我们一起加油，继续推动项目，让更多的人关注外来务工人员和留守儿童！

家长感悟——在公益服务中和孩子一起成长

家长感悟精选（一）

用镜头记录爱，用温情传递爱

姚悦礼家长

作为“影为爱”公益项目发起人姚悦礼的妈妈，看到孩子们在学校和老师的帮助下，在社会各界的大力支持下，一步步实现自己的创想，用镜头记录下“爱”的理解——对这个社会的热爱和期待，我感到由衷的欣慰和感动。

孩子们通过这次公益活动，各方面都受益匪浅。“影为爱”项目实施过程中，同学们成立了5个公益拍摄小组，分赴北京新机场、通州城市副中心等地实地采访了近10位来京工作的叔叔阿姨，累积拍摄4000多张摄影作品。同时，还开展了“六一”主题活动，举办了“影为爱”公益摄影展，完成了一次不可思议的壮举。通过这一系列的活动，增强了孩子们的组织能力、沟通能力和表达能力，增进了同学们之间的友谊，使他们加深了对“爱”的理解，更加珍惜现在拥有的美好生活。同时，通过这一系列活动，让孩子们真正的开始关心国家大事。对新机场和首都城市副中心的建设者的跟踪采访，让他们对这两大国家重点建设项目有了更深刻的认识，在跟别人聊起这个话题时能够滔滔不绝，令人刮目相看，让认识他们的人重新定义了“00后”。在为这些外来务工人员服务的同时，他们也用特殊的方式参与到国家建设中去。

看到孩子们的成长，要感谢给予他们帮助的人。感谢“益路同行”为孩子们搭建了实现公益梦想的平台，感谢摄影大师陈长芬和于志新老师，感谢中铁北京工程局集团公司等中央企业给予的帮助和支持。还要特别感谢史家小学的校领导以及班主任化老师，他们为项目的顺利开展倾注了大量心血。正是有了他们的支持与帮助，给孩子们的公益梦想添上了翅膀，帮助他们在广阔的天空展翅飞翔。

家长感悟精选（二）

搭建桥梁·传递爱心

岳佳琳家长

“影为爱”项目非常有意义，孩子们用手中的相机记录外来务工人员的生活和工作状况，并把这些照片制作成影集，寄给他们远在家乡的孩子，让孩子们知道父母的艰辛和对他们的思念。希望他们这小小的善举，可以感召更多的社会爱心人士加入到关心关爱留守儿童的活动中来。

孩子在项目中积极的提出建议，在拍摄的时候不顾炎炎烈日，为了拍摄照片不断地寻找最佳拍摄地点。看到她因为拍摄对象的故事而感动不已，回到家就跟我们说“爸爸妈妈，你们工作辛苦了，我以前不知道上班多劳累，今天的拍摄才让我明白你们的不容易，以后我会好好听话，不惹你们生气了”。听到孩子这样说，我们做父母的已经是满眼泪光，真心感谢这次“影为爱”公益行动！

通过这次活动，孩子不仅体会到了父母在工作和生活中的辛苦，还使她懂得了父母对她无限的关爱，更使她学会了关心和关爱别人。我相信孩子一定会更加珍惜现在的生活，更加的去努力学习，也会以更加包容的心态去关爱他人。我更相信，待孩子们长大成人、成才之时，一定会用自己勤劳的双手创造美好的生活，也一定会以满腔的热心和爱心来回报我们的社会！

帮扶对象——公益服务社会，爱心连接你我

帮扶对象感言精选（一）

我和我的孩子在“六一”儿童节收到了一份特殊的礼物，这就是史家小学四（5）班“影为爱”小组给我们寄来的影集。影集里记录了孩子爸爸在北京生活和工作的照片，我和孩子看了后非常感动。孩子的爸爸因为工作原因长期在北京，不能回家，孩子非常想念他的爸爸，每隔几天都要和爸爸通一次电话。

儿童节前夕，爸爸告诉孩子史家小学四（5）中队的一群大哥哥、大姐姐们会给他寄一份特殊的礼物。收到影集后，孩子兴奋地在照片中寻找爸爸的身影。找到爸爸后孩子高兴极了，拿着影集到处向他的小伙伴炫耀“这是我爸爸，在北京工作呢！你们看，这是他工作的照片”，引来小伙伴们羡慕的眼光。

我们非常感谢史家小学四（5）中队“影为爱”小组同学们的这份礼物，使我和孩子感到我们并不孤独，感谢他们对我们的关心和关爱。我会告诉孩子也要像史家小学的哥哥姐姐们一样怀有一颗感恩之心，将来回报关心和关爱他的那些人们！

帮扶对象感言精选（二）

2017 年 3 月 3 日，“影为爱”公益小组成员走进北京新机场项目部，确定我作为拍摄对象。当时我对“影为爱”公益小组的了解仅限于孩子们在交流会上的汇报内容，以为只是简单地走个过场，而且小孩子能拍出什么？但是随着公益小组发起人姚悦礼和项目组成员多次对我和项目部其他同事

跟踪拍摄，以及借助手机、微信等沟通交流，使我感受到他们的真诚与坚持，并且他们是有计划、有目标的规划着公益小组活动。看到他们的认真与负责，我逐渐打消了最初的念头，也更加积极配合了。

在“六一”儿童节的时候，我和孩子很荣幸地作为代表被邀请到史家小学参加庆祝活动，感谢孩子们让我和我的家人团聚。通过“影为爱”公益活动，我感受到史家小学的领导、老师、四（5）中队的同学们及家长们，都在同心协力地为我们建设者及子女们搭建爱的桥梁纽带。活动结束后，我们还与小朋友们共进午餐，参观学校的天文试验室及美丽的校园。在与孩子们和老师的接触中，我感受到了史家小学的孩子们拥有家国情怀，孩子们做到了内化于心、外化于行。这些孩子能够懂得父母对子女深深的爱，并在帮助他人的同时反思自我、感悟成长，真是了不起！

成果展示——公益，我们一直在路上！

在半年多的时间里，“影为爱”公益项目得到了史家小学、中铁北京工程局集团有限公司等单位，以及著名摄影家陈长芬、于志新、张辉、陈鹏的大力支持。项目组分别去往首都新机场、通州北京城市副中心等地进行了实地采访、拍摄，推送微信公众号文章 8 期，累积摄影作品 4000 余张，编写采访随感 40 余篇，得到人民网、通州新闻、新浪、搜狐、网易、千龙网等多家主流媒体的高度关注。2017 年 7 月 8 ~9 日，“影为爱”项目组还在“798”百年印象画廊举办主题影展，现场参观人员络绎不绝，获得社会各界高度赞扬。经过评比，项目最终获得了由中国扶贫基金会颁发的“益路同行·优秀公益创新团队”奖。

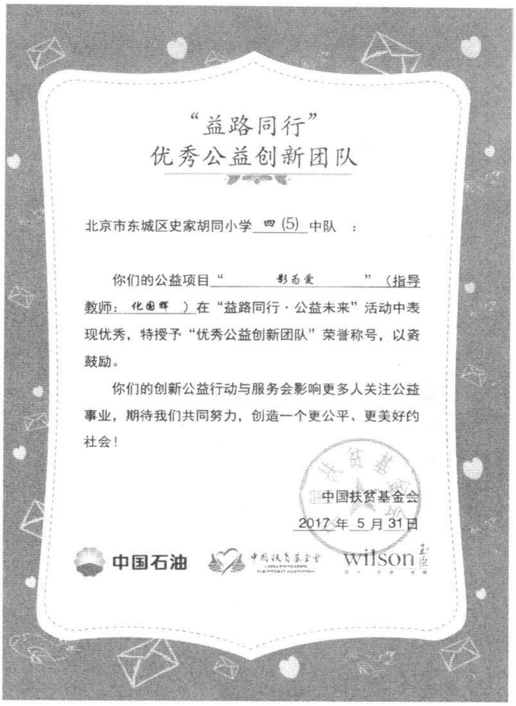

“益路同行”
优秀公益创新团队

北京市东城区史家胡同小学 四(5) 中队 ：

你们的公益项目“ 影为爱 ”（指导教师： 化国辉 ）在“益路同行·公益未来”活动中表现优秀，特授予“优秀公益创新团队”荣誉称号，以资鼓励。

你们的创新公益行动与服务会影响更多人关注公益事业，期待我们共同努力，创造一个更公平、更美好的社会！

中国扶贫基金会
2017 年 5 月 31 日

中国石油　中国扶贫基金会　wilson

项目获得中国扶贫基金会颁发的“益路同行·优秀公益创新团队”奖

通州新闻采访“影为爱”项目发起人姚悦礼同学

人民网 people.cn　人民网 >> 公益

史家小学学生心系留守儿童 摄影艺术家陈长芬倾心点赞“影为爱”

2017年02月14日16:05　来源：人民网-公益频道　分享到：

人民网北京2月14日电（记者 史雅乔）近日，史家小学姚悦礼、方晨曦、袁健豪、陈书豪、岳佳琳小朋友联合中国扶贫基金会发起了关注留守儿童的“影为爱”公益项目，“影为爱”通过照相机的镜头，记录下身边外地来北京打工人员的工作和生活中的照片，集结成册，作为节日礼物，在六一儿童节的时候送给他们远在家乡的孩子，在小朋友和爸爸妈妈之间架起一座桥梁。

公益要闻

- 公益创业：社会治理的新理念
- 公益创业企业创办的法律依据与伦理道德
- 图解《中国青年公益创业报告2016》
- 反家暴为何困难重重
- 公益广告：请莫让“诚信”脱线

中国摄影在线发布“影为爱”项目报道

千龙网 中国首都网 北京

史家小学"影为爱"项目关注外来务工人员 架起与留守子女沟通桥梁

2017-06-29 11:59 千龙网

千龙网讯 随着经济发展和社会发展，外地务工人员和留守儿童已经成为全社会广泛关注的问题。史家小学四五班姚悦礼同学倡议发起了“影为爱”公益项目，同学们通过他们的照相机镜头，进行实地采访、跟拍，记录外来务工人员的工作、生活现状，将这些外来务工人员的工作、生活照片集结成册送给他们远在家乡的孩子，在留守小朋友和他们的爸爸妈妈之间架起彼此理解和沟通的桥梁，唤起大家对外地务工人员的关心，唤起社会对留守儿童的关注。

“影为爱”项目受到媒体关注

机场分公司协助史家小学举办“影为爱”主题摄影展

7月8日上午，机场分公司协助史家小学在北京市朝阳区798艺术区内百年印象画廊举办“影为爱”主题摄影展。摄影大师陈长芬，史家小学、史家小学阳光公益社、中国扶贫基金会及机场分公司等相关人员参加了活动。

本次摄影展将举办两天，展出的所有摄影作品是从“影为爱”公益项目小组成员们所拍摄的四千多张照片中挑选出来的优秀作品，这些作品共同反映了生活在施工现场不同工作岗位的外来务工人员的工作和生活状况，同学们以自己的实际行动呼吁更多的人关注外地务工人员，关心留守儿童。

据悉，史家小学四五班姚锐礼等同学倡议发起的“影为爱”公益项目，曾深入到机场分公司承建的北京新机场项目施工现场进行实地采访、跟拍，记录外来务工人员的工作、生活现状，将这些外来务工人员的工作、生活照片集结成册送给他们远在家乡的孩子，在留守小朋友和他们的爸爸妈妈之间架起彼此理解和沟通的桥梁，唤起大家对外地务工人员和留守儿童关心、关注。（作者：杨俊民 牛龙龙 编辑：钟小贞）

中铁北京工程局集团有限公司报道“影为爱”主题摄影展

史家小学"影为爱"公益项目798办影展 呼吁关心留守儿童

2017-07-10 09:50 千龙网

千龙网讯 7月8日和9日，史家小学四五班“影为爱”在798百年印象画廊举办了主题影展，我国摄影大师陈长芬、首都新机场建设单位领导都参加了影展开幕式，两天展览期间参观人员络绎不绝。同学们以自己的实际行动呼吁更多的人关注外地务工人员，关心留守儿童。

“影为爱”公益摄影展受到媒体关注

“影为爱”项目组核心成员参加陈长芬老师讲座活动

“影为爱”摄影展学生作品精选（一）

“影为爱”摄影展学生作品精选（二）

“影为爱”摄影展学生作品精选（三）

“影为爱”摄影展学生作品精选（四）

“影为爱”摄影展学生作品精选（五）

“影为爱”摄影展学生作品精选（六）

暖冬红围巾计划

“暖冬红围巾计划”服务学习项目由史家小学四（4）中队贺锦晖同学发起，四（4）中队全体成员共同参与完成。项目指导教师为史家小学温程老师。“暖冬红围巾计划”项目自2016年12月起，至2017年6月份顺利完成，累计收到志愿者们亲手编织的168条围巾及100余封慰问信。“暖冬红围巾计划”项目在2016年北京青少年科技创新学院组织的“雏鹰爱心行动”中获得“个人提案奖”“创意方案奖”“创新实践奖”三大奖项，并在“雏鹰爱心行动”北京市市级项目展示中进行了宣讲。此外，项目还得到了社会的广泛认可和支持，媒体推广、公益组织物资支持、社会人士不断加入，助力“暖冬红围巾计划”公益活动持续开展，不断为贫困山区儿童送去温暖。

指导教师推荐序

“暖冬红围巾计划”是贺锦晖同学发起的创想，他发现边远山区的小朋友们缺少成长中必要的温暖，因此倡议同学们利用在劳技课程中学到的编织技能，为边远山区的贫困学生编织围巾，送去一份温暖和祝福。贺锦晖同学还倡议每一位志愿者为边远山区的同龄小伙伴们写一封信，表达对他们的关心与问候，在寒冷的冬季为他们送去些许温暖。“暖冬红围巾计划”与一般的捐款、捐物献爱心的方式不同，不是家长出钱、出力，而是学生们亲手编织围巾，一针一线都寄托着孩子们的爱心，礼轻情意重，我想这才是真正的献爱心、行善举。

倡议一经发起就受到了同学们的积极响应，就连平时动手能力较弱的同学，在公益梦想的推动下，也主动向老师、同学、家长请教，认真学习编织方法，为红围巾计划添砖加瓦。公益梦想也潜移默化地提高了全班学生的学习效果和实践能力。孩子们还自主研发了多种编织工具和方法，甚至连废旧的硬纸壳都被他们加工成了易于掌握的小工具，并为它命名为“城堡编织器”。学生们的自主能力、创造能力，就在这个过程中不断地生发。

在史家小学少代会上，项目组核心成员代表全体四（4）中队向全校师生宣读了“暖冬红围巾”提案，提案打动了参会的史家师生。少代会结束后，孩子们还参加了北京市慈善基金会和北京青少年科技创新学院的“雏鹰建言”行动。在北京四中礼堂举行的“北京市青少年雏鹰爱心奖”颁奖活动中，“暖冬红围巾”创想感动了在场的观众和评委们，一举获得“个人提案奖”“创意方案奖”和“创新实践奖”三大奖项。在各方领导和慈善机构的关怀下，北京市慈善基金会给史家小学及其他6所学校发放了毛线和编织工具，鼓励孩子们将公益行动继续下去。

“一人拾柴火不旺，众人拾柴火焰高”。为了更快更好的完成既定目标，及时把“红围巾”送到山区贫困学生的手中，孩子们主动在全校范围内召开募集培训会，通过录制宣传视频和编织围巾的教学视频，向其他班级的同学进行宣传与培训，带动更多的人参与到行动中。就连身边的老师和家长们也受到鼓舞，一起参与到行动中成了团队的“小助手”，老师们的微信群中“你织了多少？我秀秀成果”都成了津津乐道的话题。在这个过程中，孩子们不再是学生，而成为一个个小老师，他们认真、负责的教学模样，得到了大家的认可。同时，孩子们的宣传能力、沟通交往和组织领导力在活动过程中显现无疑。学生、老师、家长总动员，学校和家庭也因为孩子们的公益梦想连在了一起，展现出了史家大家庭的和谐。

2017 年 2 月 25 日上午，带着志愿者亲手编织的 168 条红围巾、100 余封慰问信，全班同学和热心家长驱车来到河北大厂回族自治县城关小学进行友好慰问。孩子们先是向大厂县城关小学的师生、家长介绍了“暖冬红围巾计划”，播放了同学们学习编织围巾的照片和视频。随后，孩子们将亲手编织并打上“史家小学”标志的漂亮围巾，赠送给大厂县城关小学学生。看到孩子们利用课余时间编织红围巾，特别是一些男生的手法从最初的笨拙到后面的熟练，大厂县城关小学的师生、家长禁不住发出一阵阵惊叹。随后，孩子们还与城关小学的同学们交流学习和生活情况，建立起更加深入的联谊关系。孩子们不分年龄、不分地域，每个人脸上都洋溢着欣慰而开心的笑容，这正是“暖冬红围巾计划”所传递的爱心和温暖。

“暖冬红围巾计划”慰问圆满结束，孩子们也和城关小学的学生们建立了深厚的友谊。在亲眼目睹了城关小学学生们的生活和学习情景后，孩子们深受触动。在回京的路上，大家你一言我一语，都想帮帮这些同龄人。于是有项目组核心成员提议，可以在城关小学成立一个读书角，为城关小学的学生们捐书，让他们增长知识，了解更精彩的世界。这一提议得到全体中队成员的认可。回到学校后，孩子们立即着手选购图书，列举图书选购清单，在货比三家、砍价还价之后，终于买全了图书。值得欣慰的是，孩子们没有将红围巾计划当作一次简单的行动，没有在完成后就丢掉不管，而是在公益行动中有所观察、有所反思，并能进一步地帮助贫困儿童，贡献自己的爱心。

公益行动不在于价格而在于价值，围巾不贵，可贵的是孩子们亲手编织，将无限的关爱灌注其中。围巾给予对方的不仅是温暖，更重要的是让对方感知他们有人惦记，有人挂念，心暖胜于体暖，爱能抵挡一切寒冷。

四（4）中队的同学们也在活动过程中学会了坚持、理解和包容，明白了爱的真谛。让我感到欣慰的还有孩子们的尊重之心。每个孩子都怀着谦卑之心去做公益，都努力做到不伤害受助人的自尊。孩子们能够渐渐感悟到，其实助人也是助己的开始，我们达成了帮助他人的心愿，完成了自己对爱的渴望，对珍惜自己当下生活的自省。孩子们没有把自己当成一个高高在上的施恩者，没有以高人一等的姿态实施公益，这本身也是自己对自己的教化，是对自我心灵的关照和升华。只要用心真诚地去做事，就一定能够感染、凝聚更多的人。

在“暖冬红围巾计划”公益行动的总结班会上，很多孩子都积极发言，讲述了自己的成长和感悟。孩子们说，公益行动不应该是昙花一现，而应该是四季常开，要细水长流，滋润每个人的心灵。孩子们也达成共识：公益的最高境界，是应该让受施者达到自救，所谓“授人以鱼不如授人以渔”，是让接受帮助的人也成为实施帮助的人，让所有参与者都能一起为公益贡献自己的力量。接下来，我们还要帮助大厂县城关小学的孩子们一起学织围巾，然后以城关小学为起点和发起者继续将红围巾行动实施下去，让“暖冬红围巾计划”成为一场爱的接力，让更多的人感受温暖。

指导教师：温　程

创想梦工厂——种下一颗公益的种子

（一）创想动因

2016 年全国大部分地区迎来 30 年来最冷寒冬，这个消息对于贫困地区生活艰苦的孩子们来说更是雪上加霜。于是，四（4）中队贺锦晖同学发起“暖冬红围巾计划”倡议，邀请同学们学习编织技术，一起为贫困山区的小伙伴编织围巾，让他们的冬天变得温暖，感受到我们的祝福。

史家小学四年级劳技课开设有基础编织技术内容，所以所有四年级的学生都会基础编织。城堡编织技术是简单易行的一种编织技术，即使是一年级的学生也可以轻松掌握，而且围巾编织不需要很长的时间，也不需要复杂的技术就可以完成。因此，同学们只要学习简单的技术，付出一定的时间就可以完成。同时，项目组还倡议每一位志愿者为边远山区的同龄小伙伴写一封慰问信，表达对他们的关心与问候，在寒冷的冬季为他们送去温暖。

（二）团队介绍

“暖冬红围巾计划”团队情况

发起人及总负责人	贺锦晖	优秀少先队员，热心公益，有爱心、有创意
团队伙伴	时　远	善于宣传沟通，充满热情，富有爱心，主要负责团队的宣传工作
	王屿璠	热爱科技，动手能力强，主要负责编织指导工作
	田雅昀	热情、善良，富有爱心，主要负责毛线的采购、发放和围巾的收集、整理工作
	傅圣凯	多次荣获校级公益之星，爱好广泛，动手能力强，主要负责城堡编织器的编织指导工作
指导教师	温　程	史家小学四（4）中队班主任，北京市紫金杯优秀班主任

（三）实施过程

“暖冬红围巾计划”服务学习项目共分为四个阶段。

第一阶段（2016 年 12 月）：宣传推广期。利用少先队代表大会、校电视台等，在学校内部进行宣传推广。在校外，参加北京青少年科技创新学院组织的“少年慈善论坛——暨天下益家慈善童行雏鹰爱心行动”项目，并获得创意方案奖，在“雏鹰爱心行动”北京市级项目展示中进行宣讲，获得北京慈善基金会信德基金资金支持。

项目组利用各种方式宣传推广“暖冬红围巾计划”

第二阶段（2017 年 1 月）：募集培训阶段。项目成功入围服务学习项目，红围巾计划从一项班级行动发展成为向社会倡议和推广的项目。项目组还在校内召开募集培训会，录制编织方法视频，教学棒针或城堡编织技巧，召集校领导、老师、学生等志愿者加入行动，一起为贫困儿童编织红围巾。

项目组募集培训志愿者

第三阶段（2017 年 2 月中旬）：集中编织、收集整理及送出爱心阶段。组织学生志愿者利用寒假完成围巾编织工作；开学后进行红围巾收集整理，并号召志愿者给贫困山区的儿童写信表示慰问关心。2017 年 2 月 25 日，四（4）中队全体成员及部分家长代表，前往河北大厂回族自治县城关小学展开捐赠活动，将 168 条围巾、100 余封慰问信亲手交给城关小学的贫困儿童。

项目组组织志愿者编织并围巾送出爱心

第四阶段（2017 年 3 月）：捐赠图书阶段。项目组为城关小学学生捐助图书，包含世界经典名著、趣味绘本及学科工具用书等，帮助城关小学建立图书阅读角。

“暖冬红围巾计划”捐助图书书单

序号	书　名	套数
1	大画世界经典系列（一）含《金银岛》《彼得潘》等 5 册	2
2	大画世界经典系列（二）含《海底两万里》《雾都孤儿》等 5 册	2
3	大画世界经典系列（三）《安徒生童话》等	2
4	大画世界经典系列（四）《凡尔纳奇幻经典》等	2
5	大画世界经典系列（五）《苏格兰神话故事》等	2
6	爱问 WHY 美国经典儿童科学思维图画书（含 15 册）	2
7	绝地求生少年闯关系列（含 4 册）	2
8	给儿童的物理科学书	2
9	胡桃夹子	2
10	牛牛的祈祷符	2
11	超常教育法	2
12	秋风没有来（绘本）	2
13	小小建筑师（含 4 册）	2
总计		共 82 册书

学生行动日记——记录公益之花盛开全过程

学生行动日记精选（一）

2017年1月12日　星期四　晴

四（4）中队　傅圣凯

我们班贺锦晖同学的“暖冬红围巾计划”入选后，同学们都很振奋，大家都齐心合力亲手编织红围巾，希望把爱心和温暖传递给山区小朋友。

我作为项目组的核心成员，必须起好带头作用。回到家跟妈妈说了我们的创想，妈妈表示很支持，于是我缠着妈妈让她教我编织的方法。记得我和妈妈以前看到过一个“纸巾盒编织围巾法”，于是我立刻上网搜索，找到了教学视频，和妈妈一起学习制作。刚开始，我怎么也做不出网上的效果，但是在妈妈的耐心指导下，多次调整边距和纸盒、毛线的材质，最后终于制作出了合适的编织盒。

一个普通的硬纸盒经过测量、画线、裁剪，顿时魔术般的变成了编织神器，我还给它起了一个可爱又响亮的名字“城堡编织器”，既环保安全，

又效率高、成本低，集科学性和趣味性于一体，深受同学们的喜爱。作为城堡编织的主创人员，我可自豪了。

我还把“城堡编织器”带到了班里，大家都对我竖起了大拇指，说我制作得很不错。“城堡编织器”迅速在班里推广起来，大家慢慢都学会了制作。但是，有的同学嫌麻烦，认为“城堡编织器”制作需要花费精力、时间，于是就想放弃了。但我想，这次的服务学习活动就是要让我们勇于实践，多动手、多用脑，这样我们才能尽快独立起来，真正成为一个小小实践家！

摸着手中慢慢变长的红围巾，我仿佛看到贫困山区的小朋友系上我亲手织的红围巾微笑的样子。通过“城堡编织器”的体验，我明白了编织的基本原理。这次体验的是城堡围巾的桶状圆形编织，以后我们还要摸索片状编织和花样编织。希望把这种集趣味性、科学性、可行性的制作和编织方法作为劳技课的内容，让更多的同学参与进来，提高自己的动手能力。

学生行动日记精选（二）

2017 年 2 月 27 日　星期一　多云

四（4）中队　田雅昀

2016 年的冬天来得特别早，随着天气逐渐变冷，我们班的贺锦晖同学向全班同学提出了“暖冬红围巾计划”，他想利用劳技课学到的编织方法来织围巾，送给贫困山区的小伙伴，为他们送去温暖。这个想法立马得到了全班同学的响应。于是，在 11 月底，冬天即将到来的时候，全班同学都热火朝天地开始了学习织围巾。

利用放学时间，奶奶手把手地教我如何起针、如何编织。刚开始的时候，我笨手笨脚的，不仅织得慢，还经常脱针和多针，围巾织得歪歪扭扭的。经过了一周的“勤学苦练”之后，我也可以“笨手笨脚”的编织围巾了。

一开始我们的红围巾活动只是在班里开展，没想到经过宣传影响力越来越大，还得到了全校师生的支持，甚至我们最亲爱的王欢校长和一些老师们也在百忙之中加入了我们的献爱心活动。看到这么多人都加入了我们的行动，我和小伙伴们更加充满干劲，努力编织围巾。

2月25日——上周六那天，我们全班同学和爸爸妈妈一起乘坐大巴来到了河北大厂城关小学。看到教室里摆放的200多条我们利用假期编织的围巾，还有我们的亲笔信，大家都很激动、兴奋。在介绍了我们的“暖冬红围巾计划”以后，红围巾交接仪式正式开始了。我们史家小学的同学排成一队，捧着红艳艳的围巾走上讲台，城关小学的同学们排队在我们对面站好。我对面是个比我矮一头的小女孩，我把围巾认认真真地系到她的脖子上，她给我敬了个礼，说：“谢谢你！”我心中涌起一阵感动，为了编织围巾，我和同学们舍弃了很多课余玩乐的时间，而当我听到这一句简单的感谢时，我心里终于体会到“爱是奉献”这句话的含义，也明白了所有的付出都是值得的！

在参与了暖冬红围巾活动之后，我才了解到还有很多和我们一样的同龄人，他们因为家庭贫困，冬天没有棉衣穿，没有取暖的设备，无法抵挡严寒。而我们从小有爸爸妈妈温暖的爱和无忧无虑的生活，相比他们，我们非常幸福，所以我们更要力所能及地去做一些帮助他们的事情，带给他们温暖。

以前我也参与过一些公益活动，比如会捐赠一些文具、衣物给山区的孩子们，但却没有这一次的公益活动让我记忆深刻。因为这是我们自己提出、自己策划、推广的，是带着爱心和关切去做的公益活动。

在“暖冬红围巾计划”中，我的行动也得到了爸爸妈妈的全力支持。我自己也得到了很多的锻炼，比如在编织围巾的时候，要耐心细致才能编出一条好看的围巾，不能急躁；再比如要向大家宣传我们的红围巾计划，就需要当众演讲，锻炼自己的表达能力。对我来说，这一次的暖冬红围巾行动将成为我成长路上最美好的回忆，其中的精神财富，足够让我享用一生，也受益一生。

学生反思工具——从回望中汲取前行的力量

学生反思精选（一）

<table>
<tr><td colspan="2">提案名称：暖冬红围巾计划　姓名：王玓璠　时间：2017 年 1 月 14 日</td></tr>
<tr><td>发生了什么
学期结束的时候，我们的“暖冬红围巾计划”在学校红领巾电视台播出，得到了全校师生的关注，并成功招募了几十位同学加入我们的编织队伍。我们在史家书院开展了一次培训活动，手把手教大家织围巾。</td><td>有何感受
以前都是老师在前面讲，我坐在座位上聆听，这次培训活动变成了我们当老师，把红围巾活动的内容、编织围巾的方法、参与公益活动的意义等一一讲解给同学们听，还要组织好现场纪律，我发现真的是一项很有挑战的工作。</td></tr>
<tr><td>有哪些主意
每年的冬天都会有家境贫困的小朋友忍饥受冻，我希望我们的红围巾活动能够延续下去，并招募更多的志愿者，在每个冬天都能给那些需要帮助的小朋友送去一份关爱。</td><td>有哪些问题
培训的时候让课堂的形式多样化，才能吸引同学们的注意。我们准备了毛衣编织针，还准备了城堡编织盒，这些都让同学们感到耳目一新，他们听课特别认真，我们还录制了教学视频放在网上，供大家反复学习参考。但我感觉我们在讲解过程中还是有些紧张，如果我们能够更加放松、自信一些，相信讲课效果会更好。</td></tr>
<tr><td colspan="2">教师评语
你们的这次活动组织得非常成功，既感人又有很强的实用性，培训课程非常精彩，看到你们一次次为了贫困地区小伙伴不断努力，我非常赞叹！关爱不是某一次或者某一时，公益应该成为我们毕生追随的事业，并为之努力不息！一起加油！</td></tr>
</table>

学生反思精选（二）

提案名称：暖冬红围巾计划　姓名：傅圣凯　时间：2017年2月25日

发生了什么

短短几个月的时间，全班多数同学在自己的努力和家人的支持下，从不知道毛衣针怎么拿、不知道城堡编织是什么，到基本掌握编织技巧，并能够教授志愿者，如此大的转变连我们自己都觉得了不起。

有何感受

我们亲手织的围巾虽然不是很美观，但却是我们的一片爱心。它让我们感受到做好一件事情就必须要坚持，要有耐心，不能半途而废，才能有收获。我们要团结合作，发挥集体的力量。

有哪些主意

通过“暖冬红围巾计划”这个平台，让更多的人献出爱心，扶危济困。通过这个平台，更真实地了解到贫困地区的需要，不仅仅是物质的，更要了解他们的学习、心灵的沟通，取长补短也很重要。

有哪些问题

有些同学还没有很好地掌握编织方法，还需加强练习。

捐赠活动时间的安排方面，建议将更多的时间留给双方沟通交流。

教师评语

你积极地参与“暖冬红围巾计划”，从城堡编织、录制教学视频，到宣传培训，都很认真负责，起到模范带头作用。从服务学习中得到了很好的锻炼，服务他人，懂得感恩，希望你们继续努力，把这次活动做得越来越好！

家长感悟——在公益服务中和孩子一起成长

家长感悟精选（一）

一条红围巾，温暖你我他

傅圣凯家长

作为一名家长，说实话，真没有想到在短短几天的时间里，孩子们竟然学会了如何编织围巾，虽然没有那么美观，但是他们努力了，也做到了，我为孩子们骄傲！

活动一开始，他们甚至连毛衣针都没有见到过，连毛线打个结都不会，当时就心想，还是我们帮他织一条交上去得了。可是，看到他期待的眼神，我们做家长的不得不沉下心来，大手拉小手，一点一点地教。

最初让傅圣凯试着织了几针棒针编织，作为一个男孩，手那叫一个笨呀！感觉不是拿着毛衣针，而是端着两杆枪，十个手指头都不知道往哪里摆，不是掉针，就是脱线……“真笨！”我忍不住脱口而出。孩子委屈地看着我，看得我心里酸酸地，感觉自己有点说重了。对孩子来说，这些都是全新的事物，怎么可能上手那么快，况且身边好多大人也不会织围巾呀！为了弥补孩子受伤害的心灵，我放下毛衣针，告诉他：“儿子，要不咱们先把针织放一放，你还记得我们之前看过用纸巾盒织围巾的节目吗？妈妈也从来没有尝试过，咱们学习这个方法吧！”“太好了！太好了！谢谢您，妈妈！”孩子很快就学会了，还给纸巾盒编织器起了一个响亮的名字——城堡编织器。于是，就有了孩子们喜欢的“城堡编织法”。城堡编织给他增添了不少兴趣，编织简单易学，他便很快找到了自信。学会了城堡编织，我抽了个机会问他，想不想再返回来学学针织？想不想挑战一下自己？圣凯抱着试试看的心情勉强答应了。我们母子俩还创编了口诀帮助记忆，“垂直、交叉、小指勾线、食指绕线……”很快，他就织得麻利多了，甚至喜欢上了针织。所以，耐心陪伴、坚持真的是对孩子最好的鼓励。

捐赠活动当天，这些从小在北京长大的孩子们，面对恶劣的厕所环境，厌恶、惧怕、同情等复杂的情绪翻涌而来，这个时候我们做家长的如何给他们适时的教育和心理疏导，就变得很重要。让孩子亲眼见到父母小时候经历的环境，让他们慢慢学会感恩身边的人，孩子和家长都有很大的收获。

看到圣凯亲手编织的红围巾围在一个小姑娘的脖子上，在阳光的照耀下，漂亮而温暖，我心里也激动不已，真希望知道她以后会上哪个大学，会是什么样子。我感觉从此在大厂城关小学有了让我们全家都惦记的人，如果有机会，我们还会去，把这份爱延续下去……

家长感悟精选（二）

这个温暖的冬天

田雅昀家长

2016年的冬天，因为和孩子一起参加了“暖冬红围巾计划”而变得难忘和温暖。看着孩子们认真学习编织，用自己的微薄之力来做一些力所能及的公益活动，并且还用实际行动向身边的大人和小伙伴宣传推广公益，我心里非常的欣慰。

女儿在写给山区小朋友的信里这么写道：“奶奶手把手地教我如何起针、如何编织，刚开始的时候，我笨手笨脚的，经常漏针和加针，围巾织得歪歪扭扭的，不过在经过了一周的练习之后，我现在已经比较熟练了，可以自己编织围巾了。”

的确，为了能够送出自己亲自编织的围巾，女儿和班里的同学们都非常认真地练习着。看着家长们发到班级微信群里的男孩子们和女孩子们都认真专注编织的照片，我禁不住感动，感动的是他们小小的心灵里的友爱和责任，不管织得如何，已经足以让他们明白从小帮助他人、服务社会是一件非常有意义的事情，也能让他们了解还有许多需要帮助的同龄人，让他们明白当前幸福生活来之不易，使他们更加珍惜当前的幸福生活。

记得去年12月，在参加“雏鹰爱心论坛”时，当孩子们声情并茂地说出自己真诚又温暖的爱心计划时，在场的观众都被感动了。参会的一位中科院院士还动情地发表感言：“我为史家小学的方案所感动和震撼，这个方案里展示的图片让我想起我小时候经历的困难，现在这样的困难在一些贫困地区依然存在。孩子们能想到关心这些同龄人，从自己的实际出发为他们献爱心，提供一些帮助，这非常好，是让人温暖的爱心倡议。”

坚持做一件事不容易，坚持做好一件事更不容易。孩子们从一开始提出创意，到全班同学积极参与，全力付出去落实、去实施，到最后得到社会认可和支持，中间的每一步都需要他们踏实认真地推进。这次的活动不光是孩子成长道路上的一笔财富，也是家长在教育孩子过程中的一种美好回忆。

孩子参与公益，不仅可以让孩子接触社会、培育孩子的爱心，最重要的是在孩子心中种下分享和爱的种子，让他们明白真正的幸福来自给予。培养孩子们的爱心、同情心，陶冶孩子们的心灵，对培育孩子社会责任感和公益情怀具有积极意义。国外很多学校看重的不仅是成绩，还有学生的志愿服务经历。这样的教育理念也让身为家长的我们很有感触。我想，学生们参与公益的过程也是公民社会意识形成的过程，对他们未来的人生都会产生长远的影响。

因为付出，所以快乐！因为参与，所以幸福！

帮扶对象——公益服务社会，爱心连接你我

帮扶对象感言精选（一）

城关小学六年级（2）班　王海静

我是城关小学的一名学生，很高兴参加了史家小学组织的“暖冬红围巾计划”。当史家小学的同学把她亲手编织的红围巾带在我脖子上的那一刻，仿佛一股暖流涌入了我的心田，看着他们真挚的笑容，摸着他们亲手织成的围巾，我的心都被融化了。“围巾有价，情义无价”，活动虽然结束了，但史家小学师生的情义将时刻感动着我，激励着我，今后我也要将这种爱继续传递，让更多的人得到帮助，受到感染，让爱心不断传递下去……

帮扶对象感言精选（二）

城关小学四年级（2）班　尹航

今年的 2 月 25 日，北京史家小学的同学们来到我们学校，给我们带来

了温暖的红围巾。这条红围巾不仅为我抵挡了冬天的寒冷，更为我带来了生活和学习的动力。以前，我做什么事都没有自信，常常自己一个人，不敢和别人一起玩耍、聊天。看到史家小学的学生写给我的鼓励信后，我越来越开朗了，开始主动和小伙伴一起玩，在学习上也更加努力，因为我知道，其实很多人一直在关心着我。我们老师说过“爱心需要接力”，所以我想，以后我一定要尽自己所能，在生活中主动去帮助别人。

成果展示——公益，我们一直在路上！

“暖冬红围巾计划”从最初的班级项目发展到全校参与的公益项目，并吸引了周边其他的中小学共同参与。项目共收到志愿者们亲手编织的168条围巾及100余封慰问信，在2016年北京青少年科技创新学院组织的“雏鹰爱心行动”中，还获得“个人提案奖”“创意方案奖”和“创新实践奖”三大奖项，并得到北京慈善基金会信德基金的资金支持。项目还得到了搜狐网等新闻媒体的广泛关注，北京市教育学会也对项目进行了全程跟踪报道。此外，项目还受到帮扶地政府的关注和赞誉。经过评比，项目最终获得了由中国扶贫基金会颁发的“益路同行·优秀公益创新团队”奖。

证　书

贺锦晖：

《 暖冬红围巾计划 》荣获2016年度“雏鹰爱心行动”创意方案奖。

特发此证，以资鼓励。

北京青少年科技创新学院　北京市慈善基金会

2016年12月10日

项目受到2016年度“雏鹰爱心行动”创意方案奖表彰

第二部分少年慈善论坛

第二部分，是以中小学生为主体的少年慈善论坛，北京理工大学附中张浩阳和北京四中国际部韩国留学生蔡唯真主持

北京市东城区史家胡同小学《暖冬红围巾计划》汇报学生：贺锦辉、时远、王玙璠、田雅昀等

北京市教育学会官网刊登《2016 少年慈善论坛暨“天下益家慈善童行雏鹰爱心行动”年会召开》报道

项目得到北京市慈善基金会信德基金的资金支持

“暖冬红围巾计划”项目宣传片

当前位置：首页 > 动态资讯 > 乡镇信息

"暖冬红围巾计划-兴隆爱心行"活动在大杖子小学举行

发布时间：2017-03-17 来源：宣传部

本报讯（通讯员 黄显英）3月6日，乍暖还寒，大杖子小学校园里却洋溢着温暖的春的气息，这里正在举行"'天下益家，慈善童行'暖冬红围巾计划—兴隆爱心行"活动。国家发改委国际合作中心总监、"天下益家慈善童行"专家委员会专家马兰，国家发改委国际合作中心办公室处长、"天下益家慈善童行"专家委员会专家梁捷，北京市慈善基金会副秘书长吕燕林，县政府副县长强占坡，县政协副主席徐冬梅出席活动。

"'天下益家，慈善童行'暖冬红围巾计划—兴隆爱心行"活动是在第二届少年慈善论坛暨"天下益家 慈善童行"年会上，由北京市史家小学发起的志愿服务活动，主题为"暖冬红围巾计划"。活动邀请北京市几所中小学校的学生用各界爱心人士捐赠的毛线为远方的小伙伴编织围巾，目前已收集到编织好的爱心围巾400条。此次活动，北京市慈善基金会把400条围巾带到大杖子小学，赠送给山村学校的孩子们。

项目受到帮扶地政府的关注

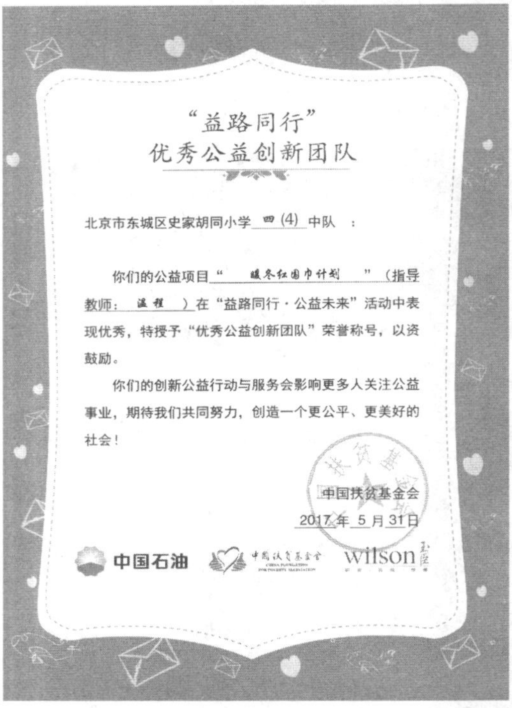

"益路同行"
优秀公益创新团队

北京市东城区史家胡同小学 四(4) 中队 ：

你们的公益项目" 暖冬红围巾计划 "（指导教师： 温程 ）在"益路同行·公益未来"活动中表现优秀，特授予"优秀公益创新团队"荣誉称号，以资鼓励。

你们的创新公益行动与服务会影响更多人关注公益事业，期待我们共同努力，创造一个更公平、更美好的社会！

中国扶贫基金会
2017 年 5 月 31 日

项目获得中国扶贫基金会颁发的"益路同行·优秀公益创新团队"奖

为井盖穿上彩衣

“为井盖穿上彩衣”服务学习项目由史家小学二（14）中队李尚燃同学发起，二（14）中队全体成员共同参与完成。项目指导教师为史家小学祁冰老师。“为井盖穿上彩衣”项目自2016年12月进入准备阶段，至2017年6月成功结束，历时半年多。项目通过对学校周边史家胡同井盖进行图案绘制，为井盖穿上彩衣，向行人提示危险，同时起到文化宣传的作用。项目组共征集126幅彩衣创意画，最终公开评选20幅作品作为代表图案进行井盖喷绘施工。项目得到史家社区居委会、市政部门、城建部门等相关部门的大力支持，全体家长建言献策，积极配合项目，最终项目得以顺利实施，在社会上产生了积极影响。

指导教师推荐序

井盖与我们的生活息息相关，新闻中因井盖破损或者丢失导致行人坠井的报道屡见不鲜，看似安全的井盖也潜藏着危险。在这次的服务学习项目中，全班同学按小队分组，每个成员都积极献策。善于观察身边事物的李尚燃同学发现了井盖暗藏危险这个生活细节。他说：“每天爸爸都习惯在晚饭后看新闻，一天晚上爸爸看新闻时，我无意中听到一个同龄小男孩掉在井里了。好奇心使我放下手中的课外书和爸爸一起看新闻。从那以后，每次和妈妈外出时遇见路上的井盖，我都会问妈妈河北那个落井的小男孩是怎么掉下去的？井里面有什么？井有多深？小孩为什么落井后死亡了呢？于是，妈妈帮我在网上搜索，没想到妈妈只输入了‘坠井’两个字，屏幕上就出现了各种坠井事件，仅仅2016年12月的坠井事件便有九起之多。很显然，城市中的地下井就像一个沉默杀手潜伏在我们身边。所以我想：如果在井盖周边放上醒目标识或者索性直接给‘井盖穿上彩色衣服’会不会好些？一来可以起到美化装饰路面的作用，二来可以警示提醒路人，预防悲剧的发生。”

李尚燃同学一番动容的发言深深触动了全班同学，大家你一言我一语地开始出谋划策。有的同学说：“我擅长画画，我们可以在班级甚至全校征集原创的涂鸦绘画，并在井盖上喷涂大家绘制的图案，让更多的人参与我们的行动。”还有的同学说：“我们可以画我们眼中的史家胡同，这样既向行人提示危险，又能宣传我们的胡同文化。”作为班主任，我被孩子们的言语深深感动了，他们是生活中的有心人，能够发现很多成年人往往会忽视甚至麻木的事件，他们乐观积极地面对生活，提出那么多的金点子，力所能及地帮助他人、服务他人。在全体中队成员一致讨论下，二（14）班服务学习项目最终确定为“为井盖穿上彩衣”。项目一经确立，全班同学们立即在学校、在史家胡同里，积极开展团队讨论、调查、计算、记录的工作，生生、师生、家校协作，人人参与、各抒己见。

万事开头难，项目组遇到第一个难题：要对井盖进行创作可不是我们想做就能做的，必须得到相关部门的许可。遇到难题孩子们也没有气馁，而是积极查找资料解决“为井盖穿彩衣，要得到哪些部门的许可”的疑问。最终在家长的大力帮助下，学生们得知要得到史家社会居委会、城管部门、交通管理部门等相关部门许可，方能施工。孩子们用极大的热情向各相关部门的负责人沟通井盖施工事项，虽然他们的脸庞稚嫩、表达有些紧张，但他们热爱公益、充满社会责任感的爱心打动了各部门负责人，最终得到了施工许可。

得到多方的认可后，寒假期间，项目组核心成员从志愿者中评选出20位擅长绘画的同学，并在班级中召开了家长沟通会，确定绘画题材。作为史家小学的学生，史家胡同对于他们有着不同的意义。史家胡同是北京历史文化中不能忽略的一颗明珠，无论是史家胡同中辈出的文化名人，还是多个重点文物保护单位的精彩背书，都为这条历史悠久的胡同增添着无穷的魅力。因此，项目组最终确立以史家胡同所在的重点单位、名人故居为主线，以宣传史家胡同文化、公益活动进社区为主题，明确十五个重点主题作为创作题材，并逐一落实到人。学生们认真思考、热烈讨论，家长们全情投入，陪伴创作，最终在半个月的时间内完成了21幅精品彩衣创作和20份观后感总结。学生们的“彩衣”作品与史家胡同的文化紧密结合，通过孩子们的画笔，史家胡同中的著名景点被一一勾勒，凝结成一幅幅“彩衣”，一张张城市名片，为胡同增添艺术色彩，提高了胡同的艺术魅力，也提高了学生们对史家胡同的认知水平。他们的作品被社区收藏，制作成精美的文化礼品，展示在史家胡同博物馆中，这也是对文化最好的诠释和传承。

创作“彩衣”只是此次公益活动的一个起点，为了让更多人知道“为井盖穿上彩衣”的公益活动，提高对井盖安全的意识，了解史家胡同文化内涵，吸引更多有爱心的人士加入公益创想，孩子们不断探究、讨论、调研，历经两次项目答辩，“为井盖穿上彩衣”的创想在学校活动中脱颖而出，得到学校及各界的大力支持与赞誉，在1078份提案中跻身前十名，获得梦想基金。2017年1月17日，“为井盖穿上彩衣”公益项目正式确立实施，孩子们还开通了班级的公众号。2017年2月27日，“益路同行——为井盖穿上彩衣，把危险关进栅栏”公益项目微信公众号正式上线，“为井盖穿上彩衣”项目通过网络渠道正式开始宣传。为了扩大项目的影响力，孩子们还带着自己设计印制的宣传单，来到史家胡同，一方面向社区居民介绍井盖存在的危险以及安全防护措施，另一方面结合自己设计的图案向游客及路人介绍史家胡同的文化，得到史家社区领导、居民和游客的高度赞扬。

4 月份开始，李尚燃同学带领项目组成员和家长义工们开始进行井盖统计工作。在实地考察中，孩子们发现由于胡同内的井盖有的被停留车辆遮盖，有的被绿化花坛遮挡一半，有的井盖表面模糊不清，甚至还有些无名井盖，另外校园内的井盖多数被校内建筑遮挡及被塑胶跑道、塑胶草坪遮挡，这给统计工作带来一定的难度。大家互相鼓励，团结协作，尽量克服困难，最终统计得出史家胡同内有 132 个井盖，一年级部周边约有 38 个井盖，二年级部周边约有 45 个井盖，高年级部周边约有 106 个井盖。虽然最终井盖数量及分类结果存在一定的偏倚，但孩子们认真负责的态度深深打动了我。

接下来的日子里，项目组开始联系施工单位，和工人师傅们一起在史家胡同里逐一落实为井盖穿上彩衣的施工细节。从挑选适合的井盖、选择适用井盖的形状，到测量每一个井盖的大小，再到挑选井盖彩衣所需的材质，和“彩衣”的实用性和抗压耐磨等需求，孩子们和家长们在一个多月的时间里，不断地研究、测量、记录，与各相关方积极探讨。

5 月 15 日，二年级部礼堂召开了“为井盖穿上彩衣”活动的井盖展示活动，当精美的井盖由孩子们一一举在胸前时，得到在场来宾、领导、老师们的阵阵掌声。5 月 31 日，我们全班学生来到学校高年级部参加了“服务学习收获成长，全面发展健康起航”庆六一主题活动。会上播放的视频，让全校师生观看并了解了我们整个活动的历程。与此同时，全班学生和家长代表当场展示了绘画的作品和制作好的井盖彩衣，收获了全场热烈的掌声。项目过程中的点点滴滴都被老师和义工家长记录下来，孩子们把这些精彩瞬间汇集成了一本精致的宣传册，作为“六一”儿童节的礼物，赠送给到场的嘉宾、领导和全校师生们，既宣传了我们的公益创想，也给孩子们留下了珍贵的成长印记。6 月 25 日，孩子们的 21 个井盖彩衣正式安放在了史家胡同里，一经张贴，路人纷纷侧目、驻足，合影留念，都表示孩子们的公益创想很有意义——“小创想，大智慧”。

通过这次公益项目，我很高兴地看到学生们的综合能力得到了显著的提高。从发现问题到解决问题，从实地走访、调查研究到归纳整理、独立创作，从教室演练到走上街头宣传讲解，学生们锻炼提升了自己的应变能力和沟通能力，用自己的实际行动吸引社会对公益项目的思考、参与。在团队的带动下，胆小的孩子敢于从容地向路人介绍自己的公益设计和想法，遇事犹豫的孩子敢于说出自己的想法并说服他人。在一次次的磨合、探索中，孩子们获得了认识自我、欣赏他人、关注身边、认识世界、与人沟通表达的能力。同时，孩子们在项目的实施过程中培养了良好的伙伴关系、和谐的团队精神，这也呼应了二年级部所提倡的“伙伴文化”。从一个孩子的简单创意，到全班同学的共同创作实施；从一个冰冷单调的井盖，到经过学生们的巧手变得生动靓丽、丰富翔实的彩衣，学生们从中充分体会到集体合作的力量，沟通分享的成果。在做公益活动的道路上，共同学习，共同成长，共同奉献自己的一份力量。

同时，此次公益项目还成为家校协同的纽带，促使家长与孩子间的亲子关系变得更加融洽。最初孩子介绍这项活动时，有些家长并没有在意。但当孩子们给家长讲述河北那个 5 岁小男孩掉入枯井不幸去世时泫然欲泣的样子，触动了家长，促使他们自愿加入到活动当中，成为孩子们坚强的后盾。在家长们的大力支持下，孩子们更加踊跃地参与到项目创作中。确定主题后，每个家庭集体开动脑筋，发挥创意，翻阅资料并实地查勘，反复斟酌后认真绘画。活动中有研商讨论，也有分歧争执，通过家校同行，家长发现了孩子们的创造力和想象力，孩子也体会到家长严谨的态度和丰富的学识，增强了家长与孩子之间的沟通与交流，增强了家长与班级的凝聚力，真正实现了家校协同育人。

尤为重要的是，此次公益项目还让学生们认识了公益的含义，提升了社会责任感、使命感。从关注一个不起眼的井盖开始，让学生们意识到我们的生活中还存在着隐藏的危险以及生命的脆弱，提高了他们勇于担当，为社会贡献一份力量的勇气！看到路人的赞赏，朋友的支持，伙伴间的理解，学生们收获的不仅仅是对自己的肯定与接纳，更多的是满满的成就感和责任感。虽然此次活动只是孩子们参与公益的初步尝试，但却是他们迈向公益之路最坚实的一个开始！公益同行，你我同在。让我们一起传递爱的真心，延续爱的希望！

指导教师：祁 冰

创想梦工厂——种下一颗公益的种子

（一）创想动因

2016 年 11 月 6 日，河北省保定市一名 5 岁男孩在深 45 米的枯井边玩耍，不小心掉入没有任何警示和防备措施的枯井，虽然经过多方力量奋力救援，最后小男孩仍然不幸身亡。“为井盖穿上彩衣”项目组经过调查发现，在这一新闻报道之前，城市井盖丢失或破损导致行人坠井的报道还有很多。不断重复的悲剧让项目组成员感觉井盖已经成为道路上的沉默杀手，成员们希望用醒目的图案或者颜色将井盖标记出来，一可以起到美化装饰路面的作用，二可以警示提醒路人，预防悲剧的发生。

史家胡同历史悠久，下水道的建设可能也日深久远，每一个井盖下面是否隐藏着危险引起了“为井盖穿上彩衣”项目组的重视。项目总负责人李尚燃同学带领项目组成员们调查发现史家胡同共有 132 个井盖，一般都在学生上下学的必经之路，项目组考虑在井盖上绘上关于史家胡同的文化图案，既能够提醒路人注意安全，又能够宣传胡同文化，增添胡同的艺术色彩，给行人带来更多的乐趣。

（二）团队介绍

“为井盖穿上彩衣”团队情况

发起人及总负责人	李尚燃	史家小学校级“三好学生”，爱好乐高玩具、围棋、二胡演奏、乒乓球、英语阅读等，通过二胡国家级专业四级考试，围棋二级，曾获得2016年星光中国青春少年中国梦中国校园艺术特长生才艺大赛二胡独奏金奖、2016年中韩文化节北方赛区二胡独奏一等奖，曾应邀参加CCTV14《智慧树》栏目中《巧巧手》《我爱变魔术》《我的创意》《道哥和摩尔》《我是大主厨》等多场节目录制
团队伙伴	薛祺馨	8岁，校级“三好学生”、中队干部，负责班级宣传工作，生活中善于思考、勤于动手、爱好广泛，喜欢弹钢琴、跳舞、画画
	张静涵	7岁，史家小学二（14）班中队长，2015年以来多次被评为校级“三好学生”、艺术之星、公益之星和区级环保标兵，2016年成为社区文化讲解员，热心公益，热爱绘画
	刘芯宇	8岁，史家小学二（14）班中队干部，校级“三好学生”，获得2015～2016年度全国英语超级联赛北京赛区一等奖，喜爱画画并参加小手传大爱国际公益书画展，热爱集体，乐于助人，挚爱公益活动
	张嘉彤	7岁，史家小学二（14）班中队干部，校级“三好学生”、阅读之星、公益之星和东城区环保小标兵，参与录制央视音乐频道春晚舞蹈《过年》，参加“舞动北京”群众舞蹈大赛，喜爱阅读、学习、画画、跳舞、旅行
指导教师	祁　冰	史家小学二（14）中队班主任，毕业于首都师范大学，本科学历。获东城区教育系统“育人奖”、学区骨干教师等荣誉称号；曾发表多篇论文，获国家、市、区级一二三等奖，所带班级被评为区级文明礼仪优秀中小队，多次获得校级优秀班集体

发起人及总负责人·李尚燃

指导教师·祁冰

团队伙伴·薛祺馨

团队伙伴·张静涵

团队伙伴·刘芯宇

团队伙伴·张嘉彤

（三）实施过程

“为井盖穿上彩衣”服务学习项目从 2016 年 12 月初至 2017 年 6 月，共经历五个阶段。

第一阶段（2016 年 12 月）：项目准备及动员阶段。讨论“为井盖穿上彩衣”行动方案，确立项目核心成员，完善项目申报书。

项目组积极准备项目方案

第二阶段（2017 年 1 月初）：申请各部门政策审批阶段。项目组积极联系请示史家社会居委会，获得初步首肯；请示市政部门，获得道路美化项目许可；请示城建部门，获得道路施工许可。

项目组申请各部门政策审批

第三阶段（2017 年 1 月中旬至 2017 年 3 月）：井盖图案设计、收集、筛选阶段。第一，市政各部门审批通过后，确定井盖类别，制定设计理念，在班级范围内征集井盖创意图案；第二，遴选井盖图案。回收全班同学在寒假期间设计的井盖图案，公开评选 20 副图案作为代表项目图案。

第四阶段（2017 年 4 月至 2017 年 5 月上旬）："为井盖穿上彩衣" 项目实施阶段。第一，选定 2 个井盖为样本，进行试点；第二，统计校园内井盖类别、史家胡同井盖数量，并实地测量井盖尺寸，记录数据；第三，按照井盖实际尺寸完善设计图案样式，采用电脑设计或手工绘图的方式，最终形成电子版图案；第四，图案喷绘，寻找广告公司，按照图样设计模板进行彩色喷绘。

公开评选的 **20** 幅项目图案

项目组统计井盖并为其“穿上彩衣”

第五阶段（2017 年 5 月中旬至 2017 年 6 月）：项目分享总结阶段。将“为井盖穿上彩衣”公益创想集结成册，并在学校及社会发放手册。同时，参与学校、社会组织的宣传活动，扩大影响力，在社会范围内提醒更多的行人树立安全意识，广泛宣传倡议“安全无小事”理念，提醒路人遇见井盖需绕行，警示大家珍爱个人及他人的生命。

“为井盖穿上彩衣”项目圆满结束

学生行动日记——记录公益之花盛开全过程

学生行动日记精选（一）

2017 年 3 月 20 日　星期一　小雨

二（14）中队张静涵

“为井盖穿上彩衣”公益活动从一个普通的井盖开始，让我认识到了生活中还存在着隐藏的危险，让我提高了认识风险和安全防护的意识。通过参与此次公益项目，更让我认识到公益活动的意义。在这次公益项目的策划中，我知道了公益不是为了自己，而是服务大众，服务全社会。作为一名史家小学的学生，通过自己的双手为史家胡同绘制井盖彩衣，从而达到帮助社区居民、宣传史家胡同的目的，我感到非常高兴！

在这次活动中，让我印象最深的就是在史家社区宣传我们的公益活动。3 月的北京乍暖还寒，作为此次公益项目的一项重要活动之一，全班同学在班主任祁老师的带领下，一起走进社区宣传我们的项目。我们手捧着宣传单，充满自信的走出学校大门。外面阳光明媚，我们像一群快乐的小鸟，昂首挺胸向路过的叔叔阿姨、爷爷奶奶介绍着我们的公益项目。当天的寒风有点凛冽，我和同学们顾不得寒冷，争先恐后地走向一个个社区居民和路人，当我们大声介绍我们“为井盖穿上彩衣”的项目内容，当我们请求路人扫描宣传单中的二维码，加入我们，为公益项目助力加油时，回应我们的是一张张笑脸和信任的目光。我第一次感觉到自己所做是多么的有价值，我为社会作贡献了！

这是我们第一次接触公益活动，虽然我们关注的只是一个小小的井盖，但是却得到了老师同学们和社会的极大关注！我为我们的公益项目感到骄傲，更为自己是一个史家娃而自豪！

学生行动日记精选（二）

2017 年 4 月 3 日　星期一　多云

二（14）中队薛祺馨

我们班开展了“为井盖穿上彩衣”公益活动，很有意义。我也是这次活动的核心成员，就更感觉到光荣了。活动中，我们需要画很多井盖设计图，我很喜欢画画，在家我和妹妹一起画，很多创意出现在我脑海里，很高兴的是我是我们班交得最多的，而且每次都是我最先交设计图。老师和同学们选中了很多我的设计稿，还表扬我画的认真，好看！我感到特别光荣和骄傲。

我更加积极地参与到活动中，为班集体争荣誉、作贡献。无论是走进胡同宣传，还是去礼堂汇报展示，我都充满了热情。而且我们班还组成了一对一的伙伴同行，一个负责画画，一个负责讲解。在胡同里发宣传单时，同学们都不怕天气热，碰到路人拒绝我们，大家也不灰心，互相鼓励，坚持到底，好多叔叔阿姨都耐心地听我们讲解，还提出了问题，有的还为我们的勇敢鼓掌呢！我们小组还遇到了一个外国友人，我们用英语向他介绍了项目内容，我特别激动，暗暗在心里给自己点了一个赞！我想我一定要好好学习英语，把更多的中国文化、公益精神介绍给全世界！

最终我们完成了二（14）中队的优秀公益项目，向大家展示了我们的风采，宣传了公益精神，还得到了学校和老师们的肯定。这次益路同行公益活动，我为二（14）中队感到自豪！

学生反思工具——从回望中汲取前行的力量

学生反思精选（一）

提案名称：为井盖穿上彩衣　姓名：张静涵　时间：2017 年 4 月 3 日	
发生了什么	**有何感受**
在创作“彩衣”作品的过程中，我和小伙伴杨轶然一起在史家胡同博物馆中找线索！作为史家小学的一名社区宣传员，我多次来到博物馆宣传史家文化，我知道这座博物馆的前身就是凌叔华故居。因此我和杨轶然仔细参观了博物馆中与此有关的展览！凌叔华是民国时期著名的才女，她的书房以“小姐的大书房”闻名京城。因此我们决定以此内容绘制彩衣。 3 月我们去社区宣传的时候，黄博远同学的脚骨折了，可他为了配合宣传，依然坚持坐着轮椅参加我们的活动！	以书房作为绘画题材，既可以展示史家胡同悠久的历史和深厚的文化底蕴，让我们了解到这条胡同中走出了众多才华横溢、忘我奉献的学者、名士；同时通过对史家胡同历史的探究，更加激发了我们了解史家胡同的热情，也激励我们更加努力的学习，更加有能力为社会做出贡献！ 看到同学们积极地在社区宣传我们的公益项目，我为自己是集体中的一员而感到高兴！以前腼腆的同学不再犹豫，涨红着小脸向路人介绍项目。同学们都争着推黄博远同学参加宣传活动，大家的心更加团结在了一起。我感觉我们长大啦，能为社会作贡献了！

有哪些主意	有哪些问题
此次井盖活动中，我发现通过互联网可以搜索到很多有益于创作的信息。于是我和我的小伙伴先在网上搜索，再到胡同中寻找创作灵感，并以此创作出满意的作品。 作为核心小组成员，在班主任祁老师的指导下，我和同学们提出可以充分利用校广播电台这个平台，在项目的实施过程中，报道我们班级的公益项目，并将项目的公众号在校内推广，起到了非常好的宣传效果。	在宣传井盖的过程中，我们遇到被拒绝的情况。如餐馆的服务员，拒绝让我们进入餐馆宣传我们的公益项目。面对拒绝，我们不知所措，这是我们没有充分准备的结果。我们应当多准备几个方案，在介绍自己时，简洁明了，充分顾及到不同人的要求。 第一次带着公益项目步入社会，我们会有些许害怕和紧张。如果没有团队和伙伴的陪同，主动去推广我们的项目还是很困难的一件事情。因此，伙伴同行是比较适合我们的方式。 我们有很多好的想法，但是表达不出来，这和我们日常积累和锻炼有很大的关系。要不断加强表达能力的提高，不仅需要多看书多学习，更需要多练习表达。
教师评语 你有一双发现的眼睛，既能够发现生活中的问题，又能够发现生活中的美好。你们在项目中一点一滴的进步，老师都看到眼里，为你们感到高兴，希望你和同学们能够继续精诚合作，积极地面对遇到的困难，让更多的人关注你们的项目。	

学生反思精选（二）

提案名称：为井盖穿上彩衣　姓名：薛祺馨　时间：2017 年 4 月 21 日	
发生了什么	**有何感受**
活动期间，我们和老师、家长经常在晚上 10 点以后还在沟通项目内容，大家对项目的投入和认真的态度，我看在眼里，感动在心。 每次去学校参加项目活动，看到每一位同学顶着艳阳烈日，头上滴着汗珠，完整流畅地给别人介绍我们班的项目。	最让我感动的是小伙伴们、老师和家长为了公益项目全心全意投入的精神。 看到同学们全部参与到活动中，从头到尾的坚持和努力，我觉得我和同学们心贴着心，为了共同的目标而努力！

有哪些主意

公益项目需要社会的关注，在提高关注范围和关注度方面，我们以后可以开动脑筋，扩大影响力，吸引公共媒体向大家宣传。

有哪些问题

这个项目中，如果扩大井盖彩衣的铺设范围，有些有历史文化的胡同可以实施，能增加胡同特色。但是其他街道和胡同会显得没那么干净整齐，如果颜色过于丰富，遇到雨水风沙天气，会让整体环境显得杂乱，所以在设计时，既要有特色，也要有整体考虑。

教师评语

公益项目的社会关注度需要大大提高，可以使更多的人远离危险。我看到你和同伴们全心投入在项目中，你们的认真、努力深深地打动了我，希望你们能继续保持这个劲头，继续宣传我们的公益活动。

家长感悟——在公益服务中和孩子一起成长

家长感悟精选（一）

服务学习，凝聚人心

黄博远家长

这次参加为“为井盖穿上彩衣”公益活动，让我感受最深的就是孩子从一开始就特别的积极。感谢同学们提出这么好的创意，给大家提供了一个做公益活动的平台。

在室外宣传活动环节，黄博远的脚受伤了，我建议他不要参加这次的室外宣传活动，但是孩子很坚决地说：“这是我们十四中队的集体活动，一个都不能少。”在孩子的坚持下，我陪着孩子全程参加了室外宣传活动。那天的天气特别的冷，但是孩子们在老师的带领下，每个人脸上都洋溢着温暖的笑容，给路人认真仔细地介绍着怎样关注我们的微信公众号，了解更多这次活动的内容和动态。路人被孩子们的热情所感染，纷纷停下脚步拿出手机关注我们的微信号。

通过参加这次的活动，我觉得对孩子的成长很有意义，培养了孩子从小要有公益心，为社会去做有意义的事；其次是孩子们身上表现出的班级集体荣誉感、积极向上的精神深深地感染着我，值得我们大人深思和学习。希望孩子们以这次的活动为契机，在以后的成长道路上尽自己所能多做一些公益活动。

家长感悟精选（二）

放手，做孩子成长路上的陪伴者

李妍睿家长

我一直认为陪伴是家长对孩子最好的告白，共同成长是孩子改变与进步的最好途径。这次史家小学举办的服务学习项目非常好，二（14）班开展的“为井盖穿上彩衣”公益活动，把家长从单纯陪伴意义上的一路同行变成共同参与社会公益的公益同行，既丰富了孩子成长的内涵，又启迪了家长对孩子的教育思路。

妍睿通过参加“服务学习”课程，自己设计和绘制彩色井盖，和张嘉彤同学一起参观史家博物馆，一是提高了小主人意识和社会责任感，即使是小学生一样可以通过努力来改变身边的世界；二是提高了实践动手能力，我这次没有怎么介入，完全是由孩子自主设计、自己绘画，对她而言是个很好的锻炼；三是通过参加路边宣传，很好地锻炼了她的口头表达能力，更加自信和落落大方；四是通过对史家博物馆的参观和附近名人故居的实地了解，感受到史家小学周边的深厚历史文化底蕴，孩子对自己作为一名史家小学学生而更感自豪。

这次公益项目本身也是一次非常好的素质教育与安全培训，在提高孩子社会责任感的同时，也提高了孩子的公共安全意识。一个好的创意可以连接起大型央企、知名学校、学生家长和社会公众，既锻炼了孩子的动手实践能力，也吸引了更多社会关注和参与。感谢史家小学提供的平台，希望以后能够有更多这样的参与机会。

帮扶对象——公益服务社会，爱心连接你我

帮扶对象感言精选（一）

我是一位社区工作人员，很荣幸能参与到史家小学二（14）班同学们“为井盖穿上彩衣”公益梦想的活动中来。虽然为井盖穿上彩衣是一件很小的事情，但是孩子们注意到了井盖的安全隐患，不但提倡改善这个安全隐患，而且给井盖穿上彩衣还给整个社区增加了童趣和色彩。我觉得老师和孩子们真的很棒！我为你们感到骄傲和自豪！

帮扶对象感言精选（二）

大家好，我是史家胡同的一位居民。很高兴能有这次机会谈谈我对这次公益活动的感悟。孩子们这样布置井盖切实起到了提醒危险的作用，并且在井盖上绘制史家胡同文化图案也为史家胡同添加了艺术色彩，能够给我们的生活增添一抹色彩。这次公益活动还提高了孩子们的社会实践能力，让孩子们增强了社会责任感和社会适应能力。我觉得此项活动非常好。

帮扶对象感言精选（三）

大家好，我是一位来自美国的朋友。很偶然的机会我碰到史家小学的孩子们在进行“为井盖穿上彩衣”的公益宣讲活动。我觉得这个活动非常有意义，孩子们非常积极地为我讲解此项活动的动机——让大家注意到安全的隐患，他们绘画的井盖非常有中国特色，颜色鲜明，我很喜欢。并且

他们为这么一条有古文化特色的胡同增加了更多色彩，也让我更加了解了中国文化特点。史家小学的孩子们非常可爱，我相信通过他们不断的努力一定会让更多的人关注公益活动！

成果展示——公益，我们一直在路上！

“为井盖穿上彩衣”公益项目推出后，受到广大同学、家长、社区的大力支持，引起了热烈反响。尤其是在前期的社会调查中，项目组与市政部门、城建部门、史家胡同社区取得联络，得到相关部门的高度赞扬与关注。项目推进过程中，还受到了全校师生、社区群众的一致好评。项目最终荣获中国扶贫基金会颁发的“益路同行·优秀公益创新团队”表彰，项目组核心成员被授予“小小公益创想家”。

“为井盖穿上彩衣”项目组自发创建了微信公众号，推送项目开展情况；拍摄公益宣传微电影，呼吁更多的人关注井盖安全。项目还得到了各大媒体报道，发起人李尚燃同学作为代表接受了北京电视台记者采访；《中国少年报》跟踪报道并集中版面展示《我为井盖穿“彩衣”》。

“为井盖穿上彩衣”项目组核心成员接受北京电视台记者采访

CTN 少先队

让人伤悲的报道

我为井盖穿"彩衣"

一起画"彩衣"

井盖小专家

穿上"彩衣"啦

小手拉大手 共创文明城

快乐美食节

创意盒子秀

勤快的妈妈

实干的村干部权叔

《中国少年报》跟踪报道并集中版面展示《我为井盖穿"彩衣"》

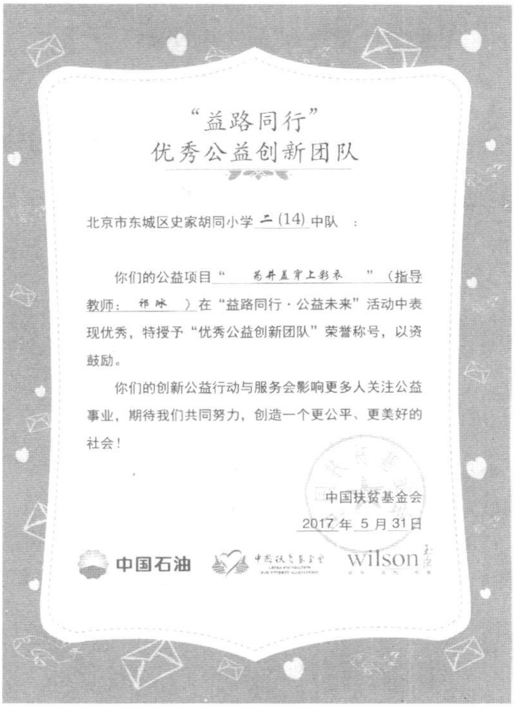
"益路同行"
优秀公益创新团队

北京市东城区史家胡同小学二(14)中队：

你们的公益项目"为井盖穿上彩衣"（指导教师：祁咏）在"益路同行·公益未来"活动中表现优秀，特授予"优秀公益创新团队"荣誉称号，以资鼓励。

你们的创新公益行动与服务会影响更多人关注公益事业，期待我们共同努力，创造一个更公平、更美好的社会！

中国扶贫基金会
2017年5月31日

项目获得中国扶贫基金会颁发的"益路同行·优秀公益创新团队"奖

放下手机让我们在一起

“放下手机让我们在一起”服务学习项目由史家小学四（12）中队朱子薇同学提议，四（12）中队全体同学共同参与完成。项目指导教师为史家小学陶淑磊老师。“放下手机让我们在一起”项目为期半年多，学生们通过发放收集调查问卷、网上调查、创设微信公众号、发放行动执行卡、分享小礼品等活动，累计回收近900份调查问卷，切实推动了近1000个家庭每天放下手机，参与家庭累积放下手机5.4万小时，平均每个家庭每天放下手机2.2个小时。项目极大地促进了亲子关系，也让更多的孩子远离手机游戏，逐渐转向读书、锻炼，促进了孩子们的健康成长。活动也受到学校、社会媒体、公益组织的关注和跟踪报道，产生了很强的社会影响。

指导教师推荐序

随着智能手机的普及，低头看手机的“低头族”越来越多。毋庸置疑，手机的普及是科技的进步，给人们带来了极大的便捷，改造甚至重塑了生活与社会。然而，当手机越来越多地进入我们的生活场景，甚至挤占了大量读书、学习和亲子互动的时间，我们不能不对其带来的问题加以更认真的审视。这个问题也让孩子们感到烦恼，他们在班会上大吐苦水：“陶老师，我发现现在妈妈特别爱玩手机，每天下班回到家简单地问过我的学习情况，就去玩手机、购物、追剧了！”“老师，我也是，如果我问爸爸几个问题或者让他帮忙时，他总爱说让我自己想办法独立解决，为什么他们那么爱玩手机却不愿意陪我读书?”“我爸爸很爱玩手机游戏，看到别的小朋友和家人一起出去旅游，就很羡慕他们。”……孩子们的发言在班上引起了共鸣，大家都在叽叽喳喳地谈论着。朱子薇同学举手发言：“既然我们都觉得爸爸妈妈们该放下手机，和我们一起读书、锻炼、游玩，正好现在要申报服务学习项目，那我们就利用这个机会组织一场‘放下手机让我们在一起’的公益行动，让更多的家长和同学加入我们的计划，放下手机多沟通!”子薇是班上的大队委，她总是能够细心留意同学的心事，全面考虑集体事务，果然这个提议得到大家的认同。于是“放下手机让我们在一起!”的公益创想就这样诞生了。

2 月份，通过自荐和推选，最终确定朱子薇、杨佳衡、焦禹雄、陈泰有、张皓博五位同学为项目负责人。满怀着信心的项目组成员们时常开会讨论计划步骤，为后续活动开展做足了准备。讨论刚一开始，大家就抛出了一些问题：“大家都用手机来做什么？是不是大家都认为手机占用了亲子时间？大家想不想放下手机多一些互动呢?”看来这些问题不搞清楚，项目的推进就会遇到问题。这时项目组有同学提出：“可以做一个调查问卷发放给家长和学生，我们最后采集到的数据不就能回答我们的疑问嘛!”这个提议得到了项目组成员的一致认同，大家立刻着手准备了。在这个过程中，孩子们没有以自己的想法为主，而是站在大多数人的角度去思考问题，同时大家也没有主观臆断，而是选择运用科学的手段获取数据，以证明自己的观点。看到孩子们能这样去思考问题、解决问题，我作为老师感到非常欣慰。

项目组设计了纸质版和电子版两种形式的调查问卷。在课余、放学时间，大家带着问卷对学生和家长进行了调研活动。一开始，孩子们显得有些紧张，不敢沟通，一段时间过去活动也没有很大的进展。大家立刻现场讨论如何突破“瓶颈”。经过讨论，成员们都努力克服自己的缺点，主动上前询问、大方介绍项目、指导家长填写有效问卷，最终回收成果显著。线上则利用互联网宣传，动员更多的人填写网络调查问卷。最终调查问卷回收达到了预期效果。面对数量众多的调查数据，孩子们有点无处下手。这时他们向家长寻求帮助——能不能一起统计数据。有位家长提出依靠人工进行统计不仅耗时耗力，而且出错的概率更高，建议采用专业数据统计软件进行处理。为了得到更科学的数据，孩子们努力地学习统计软件的使用说明，并极为认真地输入了原始数据，最终生成了一份科学的调研结果。调研结果显示，有 54% 的人选择“家庭成员非常喜欢玩手机”，有 64% 的“家长回家后仍抱着手机做自己的事”，有 56% 的学生选择“家长爱玩手机对自己有些影响”。虽然数据分析结果不太乐观，但也印证了孩子们的疑惑——手机确实过多地影响了我们的生活。但同时调查结果还显示：近 96% 的家长认为放下手机和孩子一起读书、运动、聊天非常有必要，78% 的家长认为可以坚持做到 28 天晚上回家抽出 1 小时不看手机，陪孩子一起运动、读书。看到很多人表达出要放下手机的决心，孩子们也坚定了完成项目的信心。

截止到 4 月底，项目组开展了为期四周的放下手机挑战活动。学生们在各个班级都发放了“行动执行卡”，帮助大家有效记录“28 天，每天不少于一小时”的亲子行动计划，项目有了实质性的进展。学生们在其他班级的发放“行动执行卡”较为顺利，而在本班发放时却遇到了问题。原来项目组成员张皓博同学在班级宣讲时，发言台词不熟练，有些着急，甚至还抢了焦禹雄同学的台词，导致其他成员有些怨言。皓博着急地辩解着，最后还在台上委屈地哭了起来，直接导致行动卡没有发放就被暂停。眼看活动进行不下去了，项目组成员着急了，“我们不能这样不团结，得原谅皓博，他肯定是紧张才忘词的！”“是呀，皓博前期发放调查问卷都很活跃。”

在小伙伴们的宽慰下，皓博很快也破涕为笑。通过这样戏剧性的一幕，我看到了孩子们的成长，他们在活动开展过程中，随时在进行有效的反思，合作能力逐渐加强，他们相互理解、包容、鼓励，不断磨合，不断增加默契度，最终出色地完成了任务。

经过这次活动，孩子们也在反思和分享中不断成长。在坚持了一段时间放下手机活动后，焦禹雄同学看到了家长的变化，但也意识到时间久了可能大家失去动力，又会回到以前的局面。于是他想了一个小办法——在放下手机后将手机关机，进行一些亲子活动，比如下棋或者做运动，这样家长的注意力比较容易集中。其他同学也高兴地分享了自己的小窍门：有的建议爸爸妈妈把手机游戏删掉，有的把家里的无线网关掉，有的把家长手机调成静音模式，有的干脆把手机放在家里出门去运动……嘿，孩子们的妙招儿还真不少，个个都是小诸葛亮！

家长们也感受到了“放下手机让我们在一起”项目的意义。陈泰有同学的家长和张涵道同学的家长谈到自从放下手机后，多年的颈椎病都有所缓解，他们表示今后要尽可能少玩手机，挤出更多的时间陪伴孩子。有的家长在朋友圈分享了自己放下手机陪孩子读书、玩耍的照片，引来朋友的热烈讨论，得到朋友们的点赞；有的家长表示以前自己爱玩游戏，忽视了孩子，现在放下手机，自己才真正体会到陪伴孩子一起成长的幸福。

值得高兴的是，我们的活动最终入选史家小学十大公益项目，得到《中国少年报》等社会媒体的关注和报道，人民网发表了题为《放下手机，给孩子最好的陪伴》的文章……这些是对孩子们极大的鼓舞，更加坚定了孩子们投身公益活动、为社会服务的决心，我为孩子们的成长骄傲！

指导教师：陶淑磊

创想梦工厂——种下一颗公益的种子

（一）创想动因

我们经常看到这样的场景：大家走路看手机，坐车看手机，甚至开车碰上红灯看两眼手机；家人聚会时一人抱一部手机，抢红包代替了亲切的问候；朋友聚会时刷朋友圈代替了聊家常；爸爸妈妈和孩子在一起时看手机的时间多于共读一本好书。这种现象发生在大多数的家庭中。

手机虽然可以随时联系、随时上网，但也占据了现代人的大多数时间。值得注意的是，当“低头族”成为家长的常态，表面上看起来一家人都在一起，可实际上却隔得很远。因此，史家小学四（12）中队提出“放下手机让我们在一起！”的公益行动，总目标是希望帮助更多的家长在晚间亲子时间放下手机，专心陪伴孩子，通过28天的坚持培养一个良好的习惯，增强亲子互动性，给孩子一个温馨、快乐的童年。

（二）团队介绍

“放下手机让我们在一起”团队情况

发起人及总负责人	朱子薇	四（12）班大队委，喜欢观察生活，深思善学，富有爱心，积极参与公益活动
团队伙伴	杨佳衡	四（12）中队长，在同学中有号召力，善于绘画，负责行动卡漫画制作、宣传工作
	焦禹雄	四（12）中队组织委员，乐于助人，善于沟通，喜欢摄影，负责摄影、宣传工作
	陈泰有	四（12）中队学习委员，热爱文学，喜欢阅读与写作，负责文字编辑、宣传工作
	张皓博	四（12）中队音乐课代表，擅长口语表达，有表演天赋，负责摄影、宣传工作

续表

指导教师	陶淑磊	四（12）班主任，常年担任小学高年级班主任及语文老师，在教书的同时，注重培养学生的人文情怀，倡导换位思考、节约自律、阳光团结的班级文化。在班级内多次组织开展妈妈读书会、服务学习活动等内容丰富、形式多样的班级活动，并长期践行家校同行的教育理念

（三）实施过程

第一阶段（2016 年 12 月至 2017 年 1 月）：项目启动阶段，项目组负责制定详细的行动计划，明确分工，安排计划进度等。

项目组成员

第二阶段（2017 年 2 月）：项目实施准备阶段。项目组主要完成项目调研、设计宣传资料、创建微信公众号等任务。

项目组成员街头调研

任务一：项目调研，通过设计调查问卷，在学校内、各家长群收集调查结果，分析数据，得出结论。

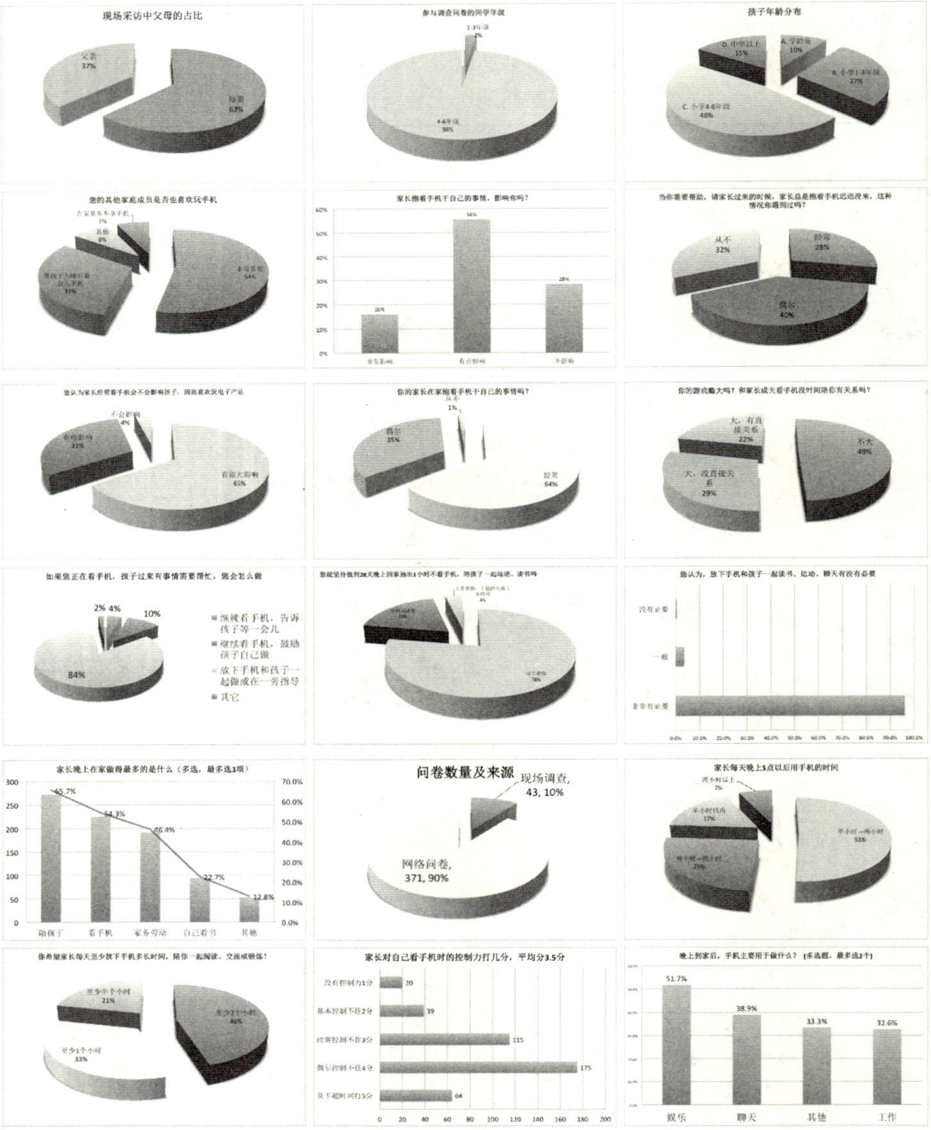

调查问卷分析

任务二：设计宣传资料及“行动执行卡”。通过卡片设计提出倡议，建议家长每晚至少一小时的时间放下手机陪伴孩子，连续坚持 28 天。设计有时间进度的执行表格，在家长和孩子共同完成放下手机任务后，记录时间，并签上姓名。同时设计可粘贴照片、感想的空白部分，供每个家庭记录亲子瞬间并及时填写完成挑战后的感动。

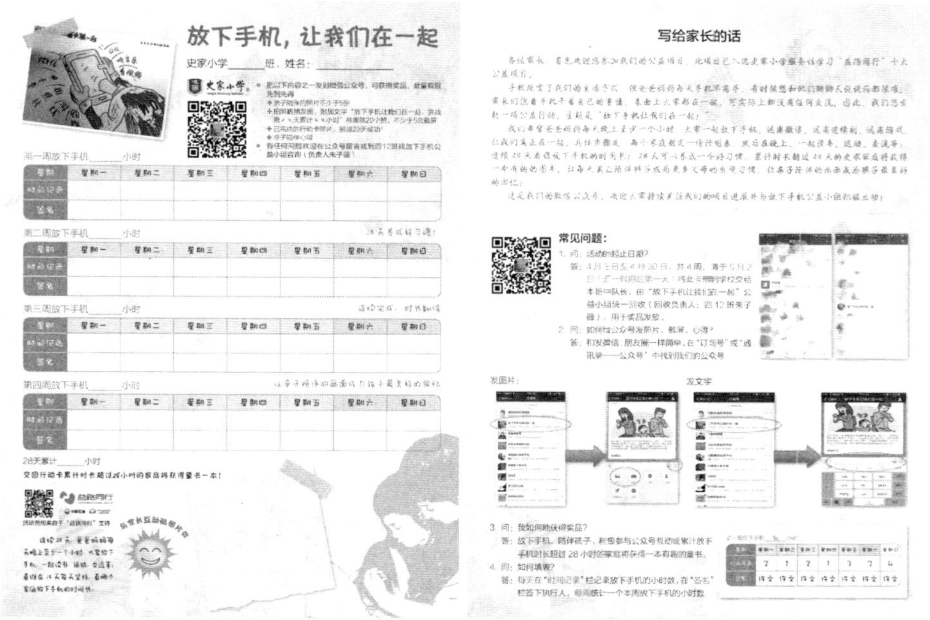

“行动执行卡”（正面，左边；反面，右边）

任务三：申请微信公众号，并将微信二维码印在宣传资料上，扩大宣传力度。

“放下手机让我们在一起”微信公众号

第三阶段（2017 年 3 ~ 4 月）：计划实施阶段。项目组主要完成发放“行动计划卡”，撰写、推送微信公众号文章，执行挑战计划、记录挑战过程等任务。

任务一：发放“行动计划卡”。项目组在学校三、四年级开展宣传活动，并发放“行动计划卡”，倡议学生与家长一起放下手机，多读书、共锻炼。

项目组发放“行动计划卡”

任务二：撰写、推送微信公众号文章。通过微信公众号定期发布行动进展，收集温馨的亲子镜头，征集暖心陪伴心得，推送优秀作品及感动瞬间，以点带面影响更多的人关注行动。

温馨的亲子镜头

任务三：执行挑战计划、记录挑战过程。4 月 3 ~ 30 日，全面执行 4 周挑战计划，家长和孩子一起记录每天放下手机的时长，坚持 28 天，养成放下手机的好习惯。

28 天行动记录表

第四阶段（2017 年 5 月）：项目收尾阶段。这一阶段，项目组主要负责回收“行动计划卡”，统计任务执行情况。项目组制作了一本记录行动过程和精彩瞬间的纪念图书发放给执行任务的家庭，同时还按照完成情况为参加家庭发放纪念品，鼓励他们继续保持好习惯。此外，项目组还邀请多位学生、家长等参与完成公益广告的拍摄，并进行后期制作，广泛开展分享活动，扩大宣传和影响力。

学生行动日记——记录公益之花盛开全过程

学生行动日记精选（一）

2017年6月3日　星期六　阴

四（12）中队　朱子薇

由我发起的“放下手机让我们在一起”公益项目获奖了！在领奖前，我的脑海里像电影一样回放着半年多来的一幕又一幕，这个过程又好玩、又有趣、又温暖……

万事开头难——发放调查问卷

今年2月底，我和几个核心成员在学校门口开展了一次非常有意义的问卷调查，调查爸爸妈妈们使用手机的现状。

一开始，我们有的人不好意思开口，有的人遭到了拒绝，还有的人把问卷发给了不是家长的路人。眼看着放学的时间就要到了，每个人手里还剩下好多空白的问卷，我们赶忙聚在一起想办法。有的说：“找爸爸们，他们都很友好。”有的说：“大方、礼貌地打招呼，说清来意就不会被拒绝。”还有人说：“我们可以找正在聊天的几个家长，一人发一张一起答。”

有了这些办法，我们每个人都变得胸有成竹了，更加大胆地向更多的人发放调查问卷。我先完成了 10 份调查问卷，随后我的同伴们也陆续完成了，大家都觉得胜利地挑战了自我，离项目的成功也迈近了一步。

为了扩大调查范围，在短时间内更快捷、便利地收集到更多的调查问卷，我们使用了网上调查问卷。网络的力量果然很强大，几天之内我们就收到了 300 多份调查问卷。

坚持就是胜利——整理行动卡

在 4 月 3 ~ 30 日连续 28 天，用行动卡记录家长和孩子在一起的时间，每天至少一小时的陪伴。

整理行动卡是一件非常不容易的事。我们共收到了 851 份行动卡，看着堆积如山的卡片，什么时候才能将每个班每个同学的时间统计在一个表里啊！这太枯燥了，刚记了几张我就烦了，不想干了。妈妈耐心地对我说："每整理一张就像是看到了家长 28 天陪伴孩子的欢乐时光，你想想同学们开心的笑容，是不是很有成就感?"我认真地看着每一张行动卡，边看边记。有的家庭记得非常认真，每天记录了几点到几点做了什么；有的写下了亲子陪伴的心得；还有的拍下了一起读书、游戏的照片贴在上面。我越看越欣慰，就更有干劲了，准确地记录着每个家庭的数据。

大功告成，最后统计数据显示，全体参与家庭累积放下手机 5. 4 万小时，平均每个家庭每天放下手机 2. 2 个小时。

最喜悦的时刻——发放获奖图书

统计好了获奖数据，我们就把奖品发到每一个孩子手里，那是一本有趣的图书。这本书可不同一般，它记载着家长们每天放下手机陪伴孩子们的画面。

到了发放获奖图书的那一天，教室后面的小柜上高高地摆着一摞一摞的书。各班同学都迫不及待地跑到我们班来领奖品，我们忙得不可开交。我看着一起发书的小伙伴们，他们的脸上洋溢着灿烂的笑容。有的人流下了辛苦的汗水，顾不上擦；有的人嘱咐领书的同学“一定要按照等级分书，他们放下手机的时间不同!”还有的人主动帮着瘦小的女同学把沉沉的书搬回教室。我的耳朵里听到的全是同学们领到书后欢乐的笑声，之前整理数据的辛苦一扫而光!

想着想着，主持人一声“请他们上台领奖!”顿时把我拉回到了舞台上，我挺胸抬头地走上舞台。“小小公益创想家”——这张奖状凝聚了小伙伴们的辛苦付出、家长们的默默支持、同学们的热情参与和老师们的耐心指导！我在此感谢大家，如果没有他们，我们的项目不会开展得如此顺利。我尤其要感谢陶老师，在我们开展问卷调查的时候，她帮我们联系三、四年级各班积极参与项目，支持我们发放“行动执行卡”、发书、整理贴画，陶老师总是让我们放手自己去做。她一直是我们最坚强的后盾，我们在陶老师的鼓励下不断让项目一步一步地走向最高点。我还要感谢参加公益微电影录制的各位家长，他们放弃了休息的时间，跟我们一起认真地反复排练、拍摄，直到满意为止。我还要感谢各位核心组成员，在我们受到挫折的时候，相互鼓励、相互陪伴，我们懂得了如何包容、理解对方。感谢我的爸爸、妈妈对项目的默默付出！最终，这颗公益项目的种子在我心中茁壮成长，我会带着一颗服务他人的心做一个对社会有用的人。

学生行动日记精选（二）

2017 年 5 月 8 日　星期一　晴

四（12）中队　张皓博

最近，我们班正在进行一项很有意义的公益项目，主题是“放下手机让我们在一起”。我是这次项目的核心成员之一，也是这次活动公益微电影宣传片的导演。我的爸爸经营了一家电影制作公司，他们有专业的拍摄设备和技术，因此我邀请了爸爸来帮助我们拍摄宣传片。

拍摄当天，爸爸很早就起床了，陪我赶到拍摄地点。到了现场，他没有休息就开始调试机器。我和同学们进行排练的时候，爸爸也和我们一起熟悉排练内容，并且反复试拍，选择最佳的拍摄角度。他一会走到我们前面，蹲下身子，一会儿又跑到一个角落，拉长焦距，甚至还跳上桌子进行俯拍。偶尔我们会被爸爸的怪姿势吸引，爸爸笑着说：“你们演你们的，千万别看我，要不然效果出不来，表情会不自然。”有时，爸爸还会为我们的排练提出建议，帮我们一遍遍地修改、磨合，让我们充满干劲儿。终于正式拍摄了，有了爸爸之前做的充足准备，我们都决心要发挥出最好的水平配合拍摄，只用了一次就拍摄成功了，大家都特别开心。

傍晚，我们筋疲力尽地回到了家，我一头栽进沙发，再也不想动弹。可是爸爸却径自走进书房，我好奇地问：“爸，您干吗呢？过来一起歇歇。吃点水果吧！”爸爸探出头来说：“你吃你的。我得把白天拍摄的东西赶快整理一下，要尽快地编辑出来。”“哎哟，我今天实在太累了，回头再弄吧！”“不行，得趁热打铁，我现在一肚子的好想法，等到明天再弄这些好想法就都跑光了。”看到爸爸这么努力，我也瞬间充满了能量，和爸爸一起忙活起来。

晚上我要上床睡觉了，可是爸爸还在忙着修改。我劝爸爸赶快休息，爸爸却说："没事，我再多下载些软件试试，看能不能编出更好的特效来，争取把视频做得更炫一点儿。"看着爸爸执著的背影，我暗暗下定决心：爸爸做事认真、对待工作一丝不苟，我应该向爸爸学习，争取成为一个像他一样有执著追求的人。

学生行动日记精选（三）

2017年6月19日　星期一　雷雨

四（12）中队　陈泰有

手机改变了我们的生活，在带来便利的同时，也阻挡了人与人之间的正常交流。因此，我们班发起了"放下手机让我们在一起"这项公益活动。

为了更好地开展这项活动，我们对家长们做了一个小调查。调查结果显示，有一大半的家长在晚上干得最多的事情是看手机；又有近一半的家长用手机娱乐。这些结果表明，手机已经严重阻挡了一家人之间的情感交流，让一家人变得陌生起来。真是世界上最远的距离，不是生与死，而是我在你身边，你却在低头玩手机！

为了让家长给孩子多一些陪伴，我们发放了"28天好习惯养成卡"。自从这个小卡片发下来后，妈妈每天晚上下班回家后，将手机直接调为静音，一直到8点半坚决不动一下手机，陪我学习、下棋、运动、读书……把以前"机不离手"的坏习惯改掉了。妈妈也在学校庆"六一"主题活动上感慨："自从这项活动开展以来，我就逐渐放下手机，一直坚持多陪陪孩子。参与这个活动，我的感受颇多，给我带来的好处也很多。"

妈妈说得一点儿没错。以前妈妈下班回到家，经常浏览手机上的微信、看视频或购物。如果我多问她几个问题或多让她帮忙时，她总爱说"自己想办法独立解决”，弄得我好孤独无助。自从妈妈参与放下手机这个活动以后，我发现妈妈对我比以前更有耐心了，不再那么急躁。每次我做完作业，妈妈就和我一起练俯卧撑、踢毽子、跳绳或外出散步。即使我做错了事情，她也十分耐心地帮我分析原因和总结教训。我和妈妈之间的沟通交流明显多了，关系更加融洽了，更成了无话不说的好朋友。

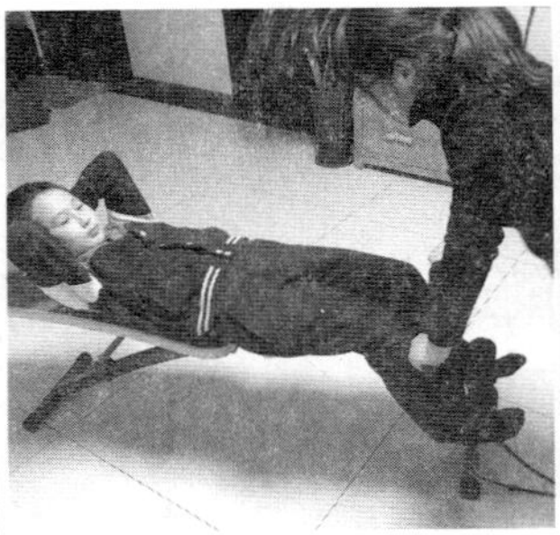
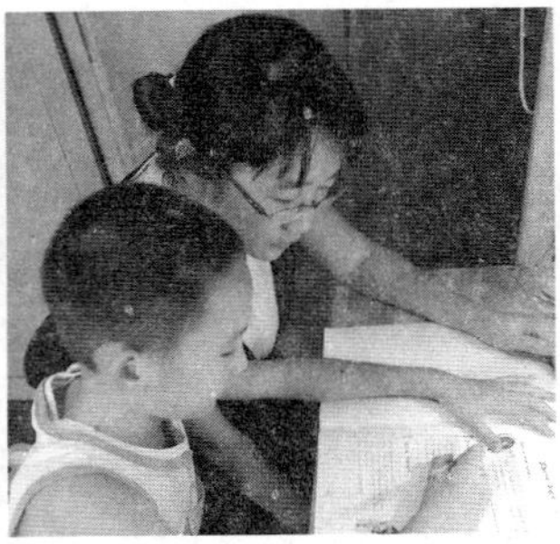

参与这个活动后，还有一个意想不到的事情——妈妈的颈椎病也好了许多。以前，妈妈经常因颈椎不好，无法开车接送我上学。放下手机不再做“低头族”后，妈妈的颈椎病好了许多，头也不晕了，胳膊很少发麻了，竟然可以开车啦。

另外，我发现爸爸也在悄悄地改变着。以前，他在家经常也是“机不离手”。自从有了这项公益活动，爸爸看手机的时间、次数明显减少了，而和我打羽毛球、下各种棋、阅读、爬山的次数多了……爸爸工作很忙，但他对我说：“时间就像海绵的水，挤挤还是有的。我要尽可能地放下手机，多挤点时间陪着你健康、快乐地成长……”

这项活动非常有意义，现在虽已结束，但我还是希望更多的家长别再沉迷于手机。放下手机吧！陪孩子一起看书、一起运动、一起下棋、一起沟通交流……如果全世界的家长都这么做，我们的童年生活会更加美好！

学生反思工具——从回望中汲取前行的力量

学生反思精选（一）

提案名称：放下手机让我们在一起　姓名：陈泰有　时间：2017 年 2 月 25 日

发生了什么

中午大课间，在四楼小操场，我和杨佳衡抱着一摞调查问卷给同学们做调查。谁知，突然碰到一个六年级的大哥哥，他接过调查问卷看了看，就立刻给撕得粉碎，然后狠狠地扔到地上，头也不回地走了。

有何感受

当时我傻眼了，呆愣了几秒钟，气愤地看着那位哥哥的背影，心想：这位大哥哥太野蛮太不懂礼貌了，学生哪能这样呢！我们的项目贴近伙伴们的生活，这个大哥哥只是个别现象，我相信我们的活动一定会得到多数孩子的支持。

有哪些主意

要礼貌和气待人。下次调查时，要和同学再礼貌些；同学如有不懂的地方询问时，再心平气和些。

修改调查问卷。回去将调查问卷问题及设计再修改一下，让问卷更吸引人，问题更有趣。

调查问卷要多印些，以备不时之需。

有哪些问题

团队合作密切度有待提升，成员之间偶有推诿现象。

填写调查问卷时，有些家长态度不认真，随便勾画。

挑战 28 天行动卡上，统计放下手机的时间范畴有点儿模糊，有的同学竟把吃饭、睡觉的时间都算在内。

教师评语

你在反思中谈到的现象及感受很真实。这也促使你们努力把事情做得更好，更吸引人。这一过程是你们成长的过程，要明白什么事都不可能一帆风顺。开展服务学习，首先就要有诚心，要不怕困难，要持之以恒。没有最好，只有更好，相信你们今后会做得更好！

学生反思精选（二）

提案名称：放下手机让我们在一起　姓名：朱子薇　时间：2017 年 5 月 17 日

发生了什么

项目进展到了尾声，同学们积极地参加我们的活动，经过 28 天，我们会给积极参与活动并按要求执行任务的同学发放奖品。发放的过程整体还是挺顺利的，但是顺利之间也有小插曲。例如，书发到了中午，三年级一个同学来了，很急切地说："书少了，我来看看原因。"我们一听也有些发懵，发了这么多班级了，没发生这样的问题啊，这可怎么办呢？我们赶紧帮他仔细寻找剩余的图书，可找了一圈也没找到这个班的发放表，只找到了一小摞没有表格的书，于是我告诉他："先把这摞抱走吧。"

有何感受

我们当时特别着急，"言必信，行必果"，同学们和家长付出了巨大的努力，完成了 28 天的挑战，我们也要言而有信，把奖品发到每个同学的手里。

我们百思不得其解，一定要找到原因。经过询问，原来事情是这样的：我们班有位同学主动帮助我们一块儿整理图书。有位三年级的小同学来领书，我们班同学觉得他一个人抱不动，就决定帮他抱一半。可我们班同学在忙乱中只拿了便笺纸和奖励贴纸就追上他送了过去，却忘了将另一半的书送去，所以才发生了这样的事。

看来，忙中会出乱。以后要做得更有条理些。

有哪些主意

这次发放图书的过程中出现了一个小插曲，算是对我们的一次考验，我们顺利地解决了。下次可以避免这种情况发生吗？我想会有办法的，比如可以把每个班的书用专门捆书的带子捆好，这样可以方便同学们直接带走，没有遗漏。

另外，作为奖励图书的题材可以更广泛一些，或者采购成套的图书，便于图书"漂流"。

有哪些问题

在放下手机 28 天的挑战中，我们以家庭为单位各自完成挑战，能坚持下来确实不太容易。有没有可能让大家互相鼓励、互相支持地完成挑战呢？比如像微信里的大家一起走路，每当想偷懒时看看大家的动态和比赛进度就可以找到动力继续下去了。

教师评语

你在整个活动中倾情投入，因而有了很多的真实感悟，老师为你感到骄傲！你的很多想法不错，希望在今后的活动中，你要更加自信，更有魄力，争取发动更多的同学参与进来。每一个环节考虑再周全些，你会看到更好的结果。功夫不负有心人，加油吧！

家长感悟——在公益服务中和孩子一起成长

家长感悟精选（一）

陪伴孩子成长，父母需要不断修身

朱子薇家长

陪伴着孩子经历了半年多的公益项目，作为父母，我们在后面默默地陪伴、支持，和孩子一起带着一颗服务他人之心慢慢成长，感触颇深。

首先，作为一名参与挑战的家长，深感放下手机的不易。这个项目发起的主要原因是闺女发现我有时看手机而疏于理睬她，她不满意地说："妈妈，您在听我说话吗？"每当这时，我都很惭愧地看着她。所以当她提出这个提案的初步设想时，我的脑海中立即浮出了上面对话的场景，希望我这个做妈妈的改改坏毛病。孩子萌发了公益提案之后，我就开始注意手机的使用时间了，只是在她睡觉后浏览下当天的重要事件，尽量避免被淹没在泛滥成灾的信息当中。待到正式挑战开始时，经过前期的过渡，也不再觉得手机有那么大的魔力了。日积月累，也就慢慢放下了手机，在孩子身边也不仅仅是陪着而是要真正地陪伴，这就是习惯的养成。我们经常给孩子提出各种各样的要求，却反过来对自己一味地放纵；我们总说身教胜于言传，却总是不厌其烦地唠叨孩子；我们还说孩子是父母的镜子，孩子的问题归根结底是家庭教育的问题，可在身体力行中却高标准要求孩子低标准要求自己。每一个父母都是不完美的，我们在陪伴孩子成长的过程中，应当不断修炼自己，要求孩子做到时先问问自己是否已做到，是否可以坚持不懈地做到位。

其次，作为项目发起人朱子薇同学的妈妈，我还需要不断修炼站在远处欣赏孩子的能力。这次的公益项目对每个孩子来说都是一次挑战，他们没有任何经验，一开始毫无头绪。这个时候，家长就会忍不住上手帮助孩子甚至是代替孩子。班主任陶老师提醒我们："放手让孩子自己干，即便是幼稚的也是孩子自己的想法！"这其中有三件事情让我难以忘怀。第一件事是在开展家长问卷调查时，有的孩子不好意思独自上前打招呼，有的孩子遭到了拒绝，还有的孩子完成的数量不足。作为家长，是冲锋陷阵还是鼓励静待呢？孩子有孩子的思路和方法，大人忙于上前指导，破坏了孩子的探索欲和尝试心，好心办了坏事。我们要相信孩子们能做到，他们就一定能完成任务。通过这次问卷调查，孩子们懂得了大胆尝试、突破自我。第二件事是进班发放"行动执行卡"，在陌生的教室里当众近距离地讲解为什么开展这项活动、如何开展、成功了如何奖励，五个孩子一开始都有些紧张，在陶老师的鼓励和指导下，一个班比一个班讲得流利，表情也自然了、神态也大方了，这算是第二个挑战吧！通过这次挑战，孩子们懂得了协作与配合、事先要充分准备。第三件事是拍摄公益微电影，为了将自己想表达的心愿浓缩在不到三分钟的视频里，孩子们完善剧本、熟背台词、反复琢磨如何演好，排练的时候互相商量，每个镜头都力求完美满意。通过这次拍摄，孩子们懂得了止于至善。

感谢学校搭建了这样一个平台，在孩子的心中播下一颗公益的种子，在阳光雨露的滋润下生根发芽并茁壮成长；感谢班主任陶老师在百忙之中指导孩子们完成各项挑战，最终出色地完成了公益项目！感谢项目组的各位同学和家长，大家的精诚合作、各尽其责带来了项目的成功！希望在今后的成长道路上，我们陪伴孩子不断成长，身修而后家齐！

家长感悟精选（二）

用心用情体会美好的亲子时光

陈泰有家长

参与感受快乐，坚持锤炼品格。孩子是每一个家庭的希望，通过配合孩子参与“放下手机”这项公益活动，我真切感受到了孩子在参与活动中的快乐成长和身为家长的点滴改变，体会到了孩子与家长这种亲情愈加厚重、这份依恋愈加浓郁，享受到了温馨美好的亲子时光。更难以置信的是，我久治不愈的颈椎病，竟然也奇迹般地好了许多，这项活动非常有益、有爱、有必要。

从活动开始之初，孩子就有一种率真的冲动和期待，责任感陡然升高，天天在家自觉肩负起督察之责。只要大人一拿起手机，孩子就敏感地站到大人身边，一边口中宣讲着“放下手机让我们在一起”的口号，一边小手还不由分说地快速上前抢夺大人手机。孩子那种认真负责的样子，实在是可爱至极！

家长参与这项公益活动，确实是一种认识上的提高和升华的过程。一开始，我只是单纯地配合孩子参与活动，以为只是流于形式、走过场而已。尤其当孩子限制大人使用手机时，大人真的感到有点儿不自在。但作为家长，为孩子做表率，身教甚于言教，我不得不硬着头皮坚持参与，并不折不扣地照做下去。随着活动日益推进，我逐渐感受到了参与活动的快乐，那就是与孩子共同坚持、同步成长，感受亲情的增进和彼此依恋的加深，以及最意料之外的就是——我的颈椎病比以前好了许多。

这项公益活动虽已结束，但我还是每天坚持放下手机，陪孩子看书、运动、下棋……用心用情体会着温馨美好的亲子时光。

家长感悟精选（三）

放下手机让我陪伴你

杨佳衡家长

“放下手机让我们在一起”公益项目顺利结束了，回想孩子参加这个活动的点点滴滴，颇有感触。

随着孩子慢慢地长大，家长们开始减少了陪伴的时间。我们将更多的时间给予工作，给予自己的娱乐，并将这些美其名曰：“建立自己的人生。”在这个活动开始之前，我也认为，家长们应该有自己的工作和生活。

这个活动迫使我每天必须放下手机，陪伴孩子。刚开始我和他爸爸甚至不知道和孩子在一起该干些什么。慢慢的时间长了，我发现，我们在一起可以做很多事情：可以一起去图书馆，一起去公园，甚至我可以一起跟他玩男孩子经常玩的打枪游戏……

龙应台在《目送》这本书中写道：“所谓父母子女一场，只不过意味着，你和他的缘分就是今生今世不断地在目送他渐行渐远的身影。”有很多父母可能还没有体会到这种感觉。所幸的是，现在这个活动让我体会到了：该陪伴的时候就尽力去陪伴，该爱孩子的时候就尽力去爱。当他渐行渐远的时候，我们就应该尽情地放飞。

帮扶对象——公益服务社会，爱心连接你我

帮扶对象感言（一）

史家小学四（12）中队　胡梦真家长

从 4 月 3 日起，我们全家参加了四（12）班发起的“放下手机让我们

在一起”的活动。在女儿的监督下，我们一家人开始了戒 WiFi 的活动，每天在晚上 9 点前，关掉 WiFi，把有限的时间花在全家人在一起上。没有了网购的各种诱惑，没有了微信朋友圈的各种吸引，我们安安心心地陪孩子一起复习功课，晚饭时间我们跟孩子一边吃饭一边聊学校里发生的趣事。饭后女儿拿着最喜欢的课外书边看边跟我们分享，看到我们听得起劲儿，女儿讲得更卖力了，时不时地还咯咯地笑起来。这跟不久前的一幕形成了鲜明的对比——孩子跟我们分享故事情节时，我们忙着翻手机，闺女失望地说：“就知道看手机，不跟你们说了！”然后气哼哼地回到自己房间，重重地关上了房门。

随着活动的不断深入，我们还把从“放下手机”活动中解放出来的时间，安排了各种户外活动，比如到公园打羽毛球、假日一起外出郊游等。就这样，不知不觉中，孩子跟家长之间的距离拉进了，家长也更能理解孩子的心理啦！感谢这个活动给我们家庭带来的变化。

帮扶对象感言（二）

史家小学三（15）中队　庄启宸家长

首先，要肯定的是“放下手机让我们在一起”活动，组织的非常有意义。作为家长，曾经我们每个人回到家中除了做家务和吃饭之外，就是低头各自看手机。甚至在辅导孩子功课的时候，还经常看看微信、追追剧什么的。而孩子呢，受家长的影响也开始建立了同学微信群。虽然这有益于孩子之间的沟通，但长此以往，也会对他们的学习产生一定的影响。

作为家长，我们首先要给孩子做出表率，放下手机多陪伴孩子，让亲子关系更加亲密，让我们家庭的每一个成员之间更加紧密的沟通，让我们的家更加充满爱。所以在这次活动期间，我们作为家长，认真执行规定，督促自己要改掉过去不好的习惯。经过一个月的坚持，我们渐渐养成了回家多陪孩子少看手机的习惯。一个月之后累计放下手机的时间居然达到63个小时！虽然这个活动已经结束，但是我们家庭成员还将互相监督，互相鼓励，让“放下手机让我们在一起”的活动永远持续下去！

帮扶对象感言（三）

史家小学四（10）中队 卓亦群家长

感谢学校组织这次活动！不参加这个活动，我不会那么有意识地留出整段时间和孩子聊天或者玩耍；同时，我也不会那么深刻地意识到，其实孩子们也需要被提醒：“放下手机，和爸爸妈妈在一起。”他们是和移动互联网一起长大的一代，手机是他们学习和游戏的重要工具。所以，我理解这次活动的主题是，父母要主动创造机会，让全家人珍惜相聚的时间，相互陪伴，拥有更多的共同记忆，心灵会走得更近。分享一点我们的收获：我和孩子一直有在一起听手机节目的习惯。现在我们会在听完节目后，一起讨论或者点评，亲子交流又多了一项内容。

帮扶对象感言（四）

史家小学四（14）中队　吴其娴家长

非常感谢四（12）班朱子薇同学提倡的“放下手机让我们在一起”这项公益活动。确实，现在的我们身处信息时代，科技飞速发展，手机愈发普遍，现在的我们，几乎人手一个智能手机，它已经成为我们生活中不可或缺的一部分。不知不觉间，我们埋头看手机的时间无限延长，这块并不大的四方“天地”，似有巨大的魔力一般，使我们的视线无法离开，我们沉迷于此，无暇静下心来好好陪伴孩子。自从“放下手机让我们在一起”这项活动开展以来，我就逐渐放下手机，每天晚上坚持陪伴孩子，和孩子一起阅读朗诵、一起画画、一起散步、一起运动锻炼……家长一定要多陪伴孩子，毕竟孩子的童年是很短暂的。“放下手机让我们在一起”这项活动非常有意义，我会一直坚持下去！放下手机，让我们在一起！阳光正好，花开在初夏！

成果展示——公益，我们一直在路上！

“放下手机让我们在一起”项目得到学校学生、老师及广大家长的大力支持，参与人数、反馈效果及其影响力都超出项目组的想象，大家的鼓励也极大鼓舞了团队参与公益活动的热情。因表现突出，项目获得了中国扶贫基金会颁发的“益路同行·优秀公益创新团队”奖。

“放下手机让我们在一起”公益项目组自发创建了微信公众号，通过手机客户端发布多篇行动报道，以此扩大受众群体。2017 年 5 月 31 日，史家小学“六一”节活动暨项目结案会上，中央电视台采访了项目组核心成员，并高度赞扬了项目组拍摄的公益广告。

此外，项目还受到众多社会媒体的关注，《中国少年报》记者一对一地深入采访了项目的发起人朱子薇及其他核心成员，并在报纸第 2 版进行了整版报道。该报道还被《北京晚报》官网引用、转载；人民网发表了题为《放下手机，给孩子最好的陪伴》的文章，开篇引用了项目组的调查数据，该文章还被转载到搜狐、腾讯、新华网等多个网络媒体，引起了社会各界的广泛关注。

“放下手机让我们在一起”微信公众号发布多篇活动报道

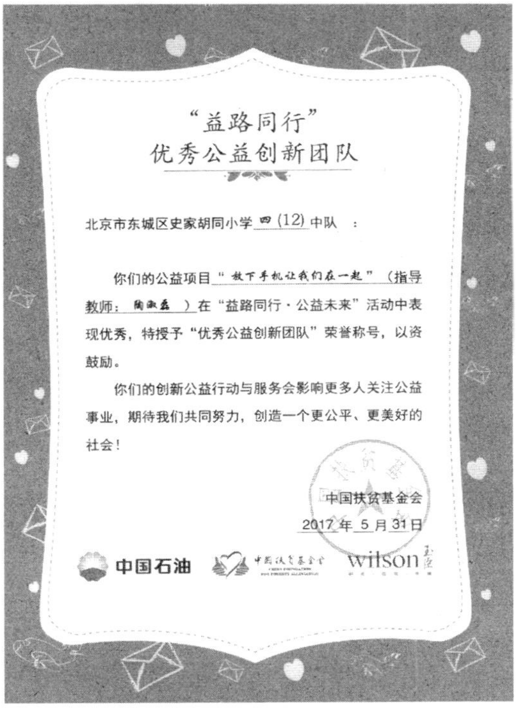

“益路同行”
优秀公益创新团队

北京市东城区史家胡同小学四(12)中队：

你们的公益项目“放下手机让我们在一起”（指导教师：陶淑磊）在“益路同行 · 公益未来”活动中表现优秀，特授予“优秀公益创新团队”荣誉称号，以资鼓励。

你们的创新公益行动与服务会影响更多人关注公益事业，期待我们共同努力，创造一个更公平、更美好的社会！

中国扶贫基金会
2017 年 5 月 31 日

中国石油　中国扶贫基金会　wilson

项目获得中国扶贫基金会颁发的“益路同行 · 优秀公益创新团队”奖

项目组核心成员荣获中石油、中国扶贫基金会联合颁发的“益路同行 · 小小公益创想家”的荣誉称号

北晚新视觉 > 新闻 > 文教

史家小学小伙伴破解爸妈“被手机抢走”难题：都是高招儿

2017-05-23 09:37　编辑：cxy　来源：中国少年报

你的爸爸妈妈喜欢玩手机吗？一旦玩上手机，他们和你聊天、游戏的时间是不是变少了？这可不行！为了把爸爸妈妈从手机中解救出来，北京史家小学(四年级12班)的小伙伴们最近发起了一个挑战：帮爸爸妈妈放下手机。他们成功了吗？

爸妈被抢走了

故事要从去年底说起。当时，学校要开少代会，希望同学们都来提交红领巾小提案。

北晚新视觉 2017 年 5 月 23 日转发《史家小学小伙伴破解爸妈“被手机抢走”难题：都是高招儿》报道

CTN天下

帮爸爸妈妈放下手机

小灵通漫游大世界

你的爸爸妈妈喜欢玩手机吗？一旦玩上手机，他们和你聊天、游戏的时间是不是变少了？这可不行！为了把爸爸妈妈从手机中解救出来，北京史家小学的小伙伴们发起了一个挑战：帮爸爸妈妈放下手机。他们成功了吗？

小加图

1.爸妈被抢走了

故事要从去年年底说起。当时，学校要开少代会，希望同学们都来提交红领巾小提案。

四（12）班的朱子薇想说说，妈妈迷恋手机这事。她抱怨道："我们表面上是待在一起，可每天几乎没有交流。"

子薇发现，班上不少同学都有这样的苦恼。杨佳衡说："每次想和妈妈聊聊天，她都忙着要看微信。"焦禹雄也有同感：一次他和小伙伴在家比赛掰手腕，想请爸爸当裁判，可爸爸却要在手机上看剧，让他们自己玩，这让禹雄很失落。

你看，爸妈都被手机抢走了！应该让父母放下手机，用更多的时间陪陪我们。子薇把这个想法，变成了一份小提案，交给了学校。大队辅导员老师觉得，这个提案非常好，还希望子薇想想解决的办法。

2.发起小挑战

很快，子薇就找到了一个办法——

每月，她都参加家族聚会。长辈们规定，聚会时，所有人都要交出手机，当面聊天。在规定时间里放下手机，这个办法不错。

于是，在老师的鼓励下，子薇在今年的开学典礼上，呼吁全校同学参加一个挑战活动：在4周内，请爸爸妈妈每天抽出一到两个小时，放下手机，陪伴我们。

你知道吗？这个倡议发出后，得到了1306个家庭的响应。

朱子薇还找来几位同学，一起设计了一张活动卡，上边有28天的日历、每天放下手机的时长等。在学校的资助下，活动卡还被印了出来，发给了大家。

3.放下手机有妙招儿

4月3日，挑战开始啦！爸爸妈妈们能放下手机吗？

焦禹雄有个妙招儿：和爸爸一起下棋。小时候，爸爸常常和禹雄下围棋和五子棋，可现在，这样的机会几乎没有了。禹雄把棋子和棋盘都找了出来，当爸爸想玩手机时，禹雄就说一起下棋吧。

"下一盘五子棋大概15分钟，下一盘围棋大概45分钟。因为一方输棋不甘心，常常要多战几盘，这样，一天一两个小时的要求，很快就达到了。"禹雄说。

有的小伙伴请父母删掉手机里的游戏；有的小伙伴让父母在家时把手机调成静音模式；有的小伙伴关掉了家里的无线网……

瞧，小伙伴的妙招儿真不少！

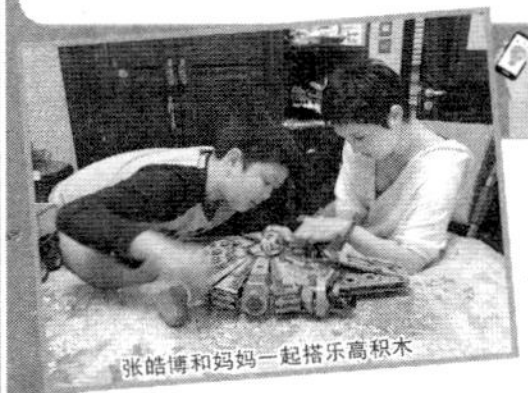
张皓博和妈妈一起搭乐高积木

4.在一起真快乐

放下手机后，小伙伴和爸爸妈妈做了哪些事呢？

每天晚饭后，四（12）班的陈泰有一家三口，都会出去打羽毛球。他和爸爸挥汗如雨，妈妈在一旁给他们拍照，这种感觉棒极了！

四（14）班的吴其娴说："以前，妈妈的视线总在手机上。现在，她常常和我一起画画，一起散步，让我特别开心。"

朱子薇和妈妈读起了书。妈妈读的是《大秦帝国》等，子薇读了《红岩》和《淘气包马小跳》。"晚上，我们坐在一起读书，再各自讲讲书中的故事，我感觉和妈妈更亲近了。"子薇说。

如今，28天已经到了，有851个家庭上交了填写的活动卡。其中，只有3个家庭没有坚持下来。子薇算了一下，活动卡中合计放下手机的时长，达到了5.4万小时，平均下来，每个家庭每天大概是2.2个小时。瞧，大家挑战成功啦！

更重要的是，活动后，很多爸爸妈妈把陪伴孩子这件事，坚持了下来，陪小伙伴们一起运动、下厨、读书、学习……真好！

本报记者 赵子薇

2

《中国少年报》2017 年 5 月 17 日第 2 版“帮爸爸妈妈放下手机”专题报道

八段锦进社区

“八段锦进社区”服务学习项目由史家小学六（2）中队吴鋆玚同学发起，六（2）中队全体同学共同参与完成。项目指导教师为史家小学刘丹老师。“八段锦进社区”项目共分为四个阶段，在半年的时间里，依次进入霞光里社区、皇城根遗址公园、望湖社区和史家社区，累计服务上百位中老年人，受到社区居民的欢迎和好评。

指导教师推荐序

在“八段锦进社区”服务学习项目中，孩子们不仅向社区居民们传递了健康生活的理念，同时还将他们在学校学习到的知识和技能应用到社会公益实践中。孩子们在提升能力的同时，也在公益活动中收获了快乐和满满的幸福。项目经历了“发现——计划——行动——反思——分享”五大阶段，我作为指导老师不仅看到了孩子们身上的变化，也陪伴着孩子们一同成长。

在项目初期创想阶段，每个学生都在选题讨论会上积极提出自己的小创想和建议。经过激烈的讨论，孩子们最终选定了“八段锦进社区”项目，这让我兴奋不已。我们班是史家小学的中医药文化特色班，八段锦是四年级时我们中医药文化特色班级活动中开展的一个项目，没想到一次小小的活动竟然在孩子们的心中埋下了公益的种子，并在潜移默化中影响着孩子们。他们拥有一双发现的眼睛，敏锐地观察到了在社区中教授老人学习八段锦的价值。八段锦是优秀的中国传统养生经典，不仅能够强身健体，而且简单易学，老少皆宜，室内室外都可以开展。更让我高兴的是他们能够将课堂的知识运用到生活中，学以致用，通过八段锦来服务社区，我想这才是课程应该教给学生的——从生活中来，到生活中去。

确定了“八段锦进社区”这一主题后，孩子们开始紧锣密鼓地制定计划，此时，寒假也悄然而至。以往孩子们最高兴的就是放寒假、过大年了，今年情况却有所不同，大家的心思都牢牢地拴在了“八段锦进社区”项目上。在确定了项目主创人员后，项目组的“小大人们”一天一小会、两天一大会地忙活着，选取项目开展场地、设计教学过程、拟定邀请专家名单、列举需要准备的物品设备、制定详细的项目预算……需要准备的事情很琐碎，而且对于小学生来说这些都不简单。但是他们舍弃了自己的休息时间，努力地克服困难：不会制作项目预算表，就向爸爸妈妈请教；需要邀请专家指导，就想尽一切办法去联系；需要确定社区场地，就直奔社区居委会协商交涉。在看到他们递交上来的一份详尽的项目计划表那一瞬间，我被孩子们的热情深深地打动了。被孩子们打动的还有国家体育总局的吕士荣老师和张琦老师，她们非常支持我们的公益项目，并同意担任项目组的专家顾问，义务来校指导孩子们八段锦动作，将更规范的运动普及给社区的老人们。孩子的世界简单单纯，他们小小的肩膀上却有大大的力量，他们渴望帮助别人，更不会因为困难而退缩，看到他们一点一滴地进步，作为老师，我很庆幸我伴随他们一路成长。

转眼间开学了，孩子们也该开始他们的创想行动了，他们能够经得住实践的检验吗？能接受理想与现实的差距吗？我不免心生担忧。然而，孩子们又一次给了我惊喜。我们第一次走进社区，选择的是霞光里社区，刚走进社区时，孩子们一张张小脸蛋都憋得红红的，不敢张嘴宣传，还有的硬着头皮派发宣传单，结果被路人摇头拒绝了。但是他们没有失去耐心，反而愈战愈勇，小组成员互相鼓励之后，又开始了锲而不舍的宣传。令我印象最深的是走进第三站望湖社区时，就在我们一行人准备进入公园开展活动时，却被保安拦住了。作为指导老师，我第一个走向前跟保安解释，结果也没能说服他，正在生气时，韩艺萌同学马上过来安慰我，让我不要着急，她去想办法再跟公园管理处交涉。我因怀孕行动不便，但又不放心她单独行动，便让我先生跟在她后面。过了一会韩艺萌大喘着气跑过来跟我说："刘老师，可以了，我们可以开展活动了。"我正在惊讶她是怎么做到的，这时，我先生偷偷跟我说："你的学生真厉害，那小嘴巴一点不憷场，说得头头是道，根本不用我出马。公园的管理人员也夸奖你的学生们敢沟通、会沟通呢！你培养的真不错！"我听后暗暗窃喜：是啊，孩子们每一次都带给我不一样的惊喜，在一次次的活动中，他们所表现出来的沟通能力、耐挫能力也越来越强，不仅有耐心，有责任心，还能遇事静心，我为孩子们点赞！

随着项目的推进，孩子们所表现出来的反思能力也非常值得肯定。比如现场音响不能播放，他们回来后立刻跟我交流："老师，我觉得我的准备工作还是没有做充足，下次活动我一定提前确认音响，自己先播放一遍音乐调试一下。"还有一次活动中有的老人提出来要换个场地，原先选定的场地虽然空旷，但却是个风口，活动完出了汗肯定要感冒。回来后的总结会上，孩子们都表示考虑到爷爷奶奶们的身体健康，下次活动一定要挑选背风的场地，同时他们还提出要准备一个应急药箱，以备突发事件。在服务学习的过程中，反思是很重要的一步，我看到了孩子们在反思过程中的点滴进步，他们不仅能主动发现自己的不足，还能在失败中汲取经验，不断地完善自己的方案，将方方面面都考虑周全，孩子们真是了不起！

随着时间推移，"八段锦进社区"项目也进入到最后的分享环节。"我们该如何突出我们的项目特色呢？"大家你一言我一语，有的说我们编个情景剧吧，把我们这一路发生的故事都搬上舞台；有的说不如做个现场展示，邀请体育总局的吕士荣老师、张琦老师还有社区的爷爷奶奶和我们一起在台上表演八段锦！这个提议一出，就受到了大家的一致认可。第二天，孩子们就开始联系张老师和吕老师，并在附近的社区寻找志愿者参加分享展示会。没想到不仅两位老师爽快地答应了，还有很多老人都愿意参加，并给了孩子们高度的肯定和赞扬。表彰会当天，在体育总局老师的带领下，同学们和社区老人共同展示整齐标准的八段锦动作，并向全校的同学们展示了国家体育总局为他们颁发的《健身气功三级学生社会体育指导员证书》，收获了全校师生的热烈掌声。我在台下观看着，不禁心想：孩子们和社区老人相互关爱、相互鼓励，学校和社区和谐共处，这不正是史家所提倡的“和谐”嘛！

至此，六（2）班“八段锦进社区”服务学习项目圆满结束。在整个行动过程中，孩子们从与别人的沟通中懂得了如何与不同的年龄、职业的人对话、交流，从现场突发事件中提升了临场应变能力。孩子们身上的社会责任感越来越强，他们更加关心身边的人，愿意投身到社区公益活动中去，并且体验到了成功的喜悦……孩子们的成长是老师们和家长们有目共睹的，我为他们点赞，更为他们骄傲！

指导教师：刘　丹

创想梦工厂——种下一颗公益的种子

（一）创想动因

史家小学六（2）班自四年级开始就以中医养生文化为班级特色，开展了丰富多彩的活动。从了解身边的中草药开始，到中医运动养生、中医食疗养生、中医穴位按摩等内容，开展了一系列自主学习和班级特色活动。六（2）中队集体创编了活动教材——小白的药堂（四季食疗养生秘籍）和养生健身操八段锦。

六年级时，在班级的共同努力下，“教学八段锦”服务学习活动成功地在校内组织实施了。有了这一次的成功经验，同学们又有了新的想法——如果能够走进附近的社区，向爷爷奶奶等身边的人推广八段锦，那该多好！同学们立即向社区老人们开展了调查问卷，最终结果发现老人们都很关注健康、运动，大部分人也都知道八段锦，但只有 1.4% 的老人会做八段锦。再加上冬天雾霾笼罩，老人们的户外运动更是受到了限制，只能在家里简单地进行运动。八段锦是一种健身气功，室内、室外皆可行，老少皆宜，强身健体效用显著。而且在我们的前期调研中，从汇总的数据看，如果社区免费教学八段锦，有 90% 的老人们都愿意来学习，而且愿意天天来。

八段锦不仅是传统中医养生经典，还是一种现代文明的锻炼方式。八段锦不像广场舞那样带来声音干扰问题；没有场地、人数限制，可以集体训练，也可以独自练习。经过商议后，大家一致认为八段锦值得推广，学生们自发结成服务小组前往身边的社区开展“八段锦进社区”服务学习项目。

（二）团队介绍

“八段锦进社区”团队情况

发起人及总负责人	吴鋆玚	12 岁，想象力丰富，担任副中队长，有较好的组织能力和沟通能力，全面负责活动各项工作
团队伙伴	高明钰	13 岁，擅长主持，担任大队委，活动中担任教学、表演组负责人，同时负责活动的组织工作
	何思凝	12 岁，擅长京剧，负责活动组宣传工作
	韩艺萌	12 岁，中队委员，擅长脱口秀，负责活动组织工作
	李瑾如	12 岁，中队委员，擅长写作，负责活动的组织和宣传工作

续表

指导教师	刘　丹	东城区骨干教师。六（2）中队为中医养生文化特色班级，班级从了解身边的中草药开始，以中医运动养生、中医食疗养生、中医穴位按摩、经络健身操为行动研究的内容，组织学生自主学习并开展一系列班级特色活动
家长志愿者	杨　莉	吴鋆玚同学家长，就职于北京大学第一医院。热心公益事业，有很强的责任心。多次协助班主任开展班级活动，受到家长的称赞
专家顾问	吕士荣	国家体育总局健身气功国家级、太极拳国家级社会指导员，健身气功一级裁判，提供八段锦教学专业支持
	张　琦	国家体育总局健身气功国家级社会体育指导员，提供八段锦教学专业支持
	刘晓峰	北京中医药大学讲师，提供八段锦教学支持，在介绍中医文化发展方面提供支持

（三）实施过程

“八段锦进社区”服务学习项目分为四个阶段。

第一阶段（2016 年 12 月 ~2017 年 1 月）：活动准备期。学生们负责与附近的社区对接，与社区工作人员协商活动是否可以开展，进一步确认活动时间，寻找活动场所；邀请体育总局吕士荣、张琦老师来校指导八段锦动作；制作八段锦教学手册，录制八段锦教学视频刻录光盘；准备活动物品等。

项目组积极准备前期工作

第二阶段（2017 年 2 月）：活动宣传期。设计宣传海报，一方面在校园内部开展宣讲活动，广泛地招揽志愿者加入创想心动，扩大影响力；另一方面在校园外部有计划地、分组别地向附近社区居民发放免费教学八段锦的通知，吸引人们的注意力。

项目组进行活动宣传

第三阶段（2017 年 3 ~ 4 月）：八段锦教学期。根据八段锦的学习规律，项目组根据地域划分，设置了四站社区活动，每一站设计了两期的教学过程：第一期授课主要是教社区的爷爷奶奶学做八段锦，同时将暑期制作的八段锦教学视频光盘作为奖品发放给他们，以便他们回到家后也能练习八段锦；第二期授课是巩固教学，指导老学员教新学员学习八段锦，既能够让老学员巩固已经学到的知识，也能吸引更多的居民学习八段锦。同时，项目组还会在社区中发放八段锦教学手册，以便更多的人能了解、学习八段锦。

第一站：霞光里社区。2017 年 3 月 5 日，六（2）中队开展了 2 小时的

“八段锦进社区”现场教学。第一次与社区老人沟通，学生们还是显得稍有害羞，也经历了路人的摇头否定，但这阻断不了学生的热情，他们愈战愈勇，仍不灰心的宣传着。现场还接收了一个2岁的小学员，也跟着音乐比划起来，小学员的妈妈还夸赞项目组成员，说他们真是好榜样！

“八段锦进社区”现场教学（一）

第二站：皇城根遗址公园。2017年3月26日，六（2）中队第2小队全体队员开展“益路同行——八段锦健身操进社区系列公益活动”。这次活动还邀请到蔡秀芬老师进行现场教学示范，还有景山社区的张宏伟老师为我们拍摄宣传照片。

“八段锦进社区”现场教学（二）

第三站：望湖社区。2017 年 4 月 10 日，项目组来到望湖社区开展活动。有了前两次的活动经验，这次活动的开展顺利了许多。到了现场，孩子们就立刻开展了宣传，很快招收到好几位学员。在一组热身活动后，项目组开展了集体教学和分小组一对一教学，力争将每个动作规范、标准的教给社区居民。

“八段锦进社区”现场教学（三】

第四站：史家社区。2017 年 4 月 21 日下午，项目组来到了东城区史家社区的史家胡同博物馆，开展公益项目“八段锦进社区”的第四站系列活动。学校大队长高明钰同学宣读了活动倡议书，健身气功国家级社会指导员张琦带着学生们现场展示了八段锦。随后，学生们深入到史家社区的居民中，和他们一起进行了互动教学，现场气氛十分热烈。活动还邀请了东城区人大副主任王中华，国家体育总局气功中心国内发展部副主任王涛，东城区体育局副局长张庆春，东城区团委副书记吴建雄，史家社区纪委书记李秀英，东城区教委少工委办公室主任张鸥，史家教育集团王欢校长，史家小学党总支洪伟书记。活动最后，东城区体育局张庆春副局长也对孩子们的活动给予了充分肯定和鼓励，并给参与的学生们颁发了《健身气功三级学生社会体育指导员证书》，赠送了健身气功的相关书籍。

“八段锦进社区”现场教学（四）

第四阶段（2017 年 5 月）：分享总结期。学生们负责拍摄微电影，通过后期剪辑和编辑，最终形成以项目为主题的微电影宣传片。在学校的总结表彰会上，项目邀请了健身气功国家级社会指导员吕士荣老师和张琦老师，以及社区的爷爷奶奶一起上台表演。老人们现场充分肯定了孩子们的付出，并对孩子们的公益善行表示了感谢。

“八段锦进社区”现场教学（五）

学生行动日记——记录公益之花盛开全过程

学生行动日记精选（一）

2017 年 3 月 26 日　星期天　晴

六（2）中队　何思凝

史家小学六（2）中队第 2 小队全体队员来到皇城根遗址公园，开展“服务学习——八段锦健身操进社区系列公益活动”。

作为第 2 小队的负责人，我在活动之前和所在社区进行了沟通，结昊本以为很简单的一件事却充满曲折。首先社区不同意开展此次活动，原因是马上要召开全国“两会”，社区距离人民大会堂很近，属于一级核心区，不可以随便搞群众集体活动，必须进行严格审批才能开展活动。可是我们的时间很紧，根本来不及进行报批了，无奈之下我们只能更换社区。经过联络沟通，我们把第2小队的活动地点定在景山社区下辖的皇城根遗址公园。通过这个小插曲，我明白了办任何事情都不能想当然，如果不认真调研准备，看似简单的事情也有可能四处碰壁。

活动正式开始之前，我们做了大量的准备工作，请到了景山社区的工作人员，同时邀请了八段锦国家级教练蔡秀芬老师进行现场指导。我们准备了音响设备、八段锦资料，还给参加活动的人员准备了矿泉水。一切准备就绪，就在我们觉得活动能很完美地进行下去的时候，现场又出了一个小意外：我们的音响需要联网播放，但是活动地区网络信号很差，导致我们的音响无法播放。这是大家完全没有想到的。幸亏蔡老师自己也带了一套音响，我们的活动才能继续。这件事告诉我准备工作还应该更周到细致，最好能够提前到现场进行设备调试，确保活动中不出问题。

除了活动中的小失误，我认为第2小队的活动还是十分成功的。活动开始之前，我们向公园的游人进行了八段锦知识的宣传普及，部分游人当场决定加入到我们的活动中来。我们小队的队员们首先向居民们展示了八段锦的完整套路，伴随着悠远绵长的中华传统音乐，队员们整齐划一的动作吸引了不少游人和八段锦爱好者驻足观看，赢得了阵阵掌声。随后，队员们分别同居民们进行教学互动，现场气氛十分热烈。

这次活动最大的亮点是我们和蔡秀芬老师交流了学习八段锦的心得。年近古稀的蔡老师兴致勃勃地做起示范，一招一式沉稳大气，还对同学们的动作一一点评。蔡老师高度赞扬了我们传承中华传统健身文化的公益之举，鼓励我们为健康大中华这一全民健身理念多作贡献；社区干事张宏伟老师对我们的表现提出了表扬，代表社区对史家小学六（2）中队表示感谢，并希望我们能将此类公益活动进行到底。

通过这次活动，我感到活动中虽然亮点纷呈，但同时也有许多不足的地方。通过八段锦进社区的公益活动，我和队员们都感到自己在各方面都得到了很大提升。每个同学都深切地感受到公益活动不仅仅是一份付出，还有满满的收获。

学生行动日记精选（二）

2017 年 5 月 14 日　星期天　晴

六（2）中队　李瑾如

从四年级开始，在班主任刘老师的带领下，我们班开展了关于中医传统文化的学习。我们学习了中医文化的发展、中草药知识、中医养生，还学习了八段锦健身操。

我们班围绕着中医文化，开展了许多丰富有趣的活动，不仅请中医大学的老师给我们介绍中医文化发展，还教我们中草药标本识别、猜谜游戏，学习养生知识，自己动手制作养生花茶送给老师和家长，下厨房制作既美味又养生的美食等。五年级下学期，我们学会了古老的八段锦健身操，经过一学期的操练，我们对八段锦健身操的了解加深。这次服务学习向同学们广泛征集公益创想，于是我们就产生了向身边的长辈、老师和同学教授健身操，让更多的人学会八段锦增强体质的想法。

我们在学校的百草堂对六年级同学和老师们进行了展示与教授，还教授了来校交流的新加坡百德小学的师生。老师们都非常支持我们的活动，给了我们许多鼓励。我们还带着全校师生一起学习八段锦，在大家们相互切磋的时候，时常伴着欢声笑语。

六年级上学期，我们兴致盎然地开始了项目，大家自己设计宣传海报、八段锦学习手册和教学视频、招生海报，联系社区，讨论工作。3 月 5 日，我带着小组其他 7 名同学来到霞光里社区，这是教学进社区项目的第一站，由我来负责。虽然活动开展前，大家做了很多的准备和讨论，如提前在社区张贴了海报，居委会的阿姨也帮着做了许多宣传。但是，同学们的心里还是有些紧张：不知道社区里的居民是否会参加活动，活动过程会不会顺利……

让我们小组高兴的是，参加的社区居民都非常支持我们，大家都是热情满满的。我们的活动时间预计是两个小时，一个小时后，已经学会八段锦的第一批居民学员离场后，我们需要再补充新的学员。问了几位路过的社区居民，都被拒绝了，我们遭受了沉重打击，这可把我们愁坏了。唉，真没想到，现场招生原来是这么不容易。于是，大家赶紧聚在一起，互相打气，分析什么样的社区居民是我们劝说争取的对象。一个人去说服，心中难免有些胆怯，于是小伙伴们就两三人成群，一起做工作。不一会就把第二波学员组织起来了，最没想到的事情是，现场最小的学员是个还在蹒跚学步的小宝宝，她也随着音乐声踮起脚尖，让我们欢笑不止。

两个小时的活动顺利结束了，所有的担心都已经放下。我们对活动进行了总结，把经验和改善的建议分享给所有的项目成员。接下来，项目在其他三个社区里顺利地开展。后来，从现场的社区记者大姐姐那里了解到，原来老人们为了鼓励我们、锻炼我们和社区居民交流，特别准备了许多问题，这让我心里十分感动。

回头看行动的整个过程，我们不仅丰富了自己的知识，而且很好地提升了沟通和组织能力。大家学会了发现问题，更会主动地寻找解决办法。刚开始和既陌生、年纪又大自己好几倍的社区居民沟通时，我们还很紧张，慢慢地就克服了紧张和羞涩，可以大大方方、有礼貌地进行交流了。

予人玫瑰，手留余香。我们用自己的热情去服务于他人、传承中国传统文化，也收获了社会的关爱与支持。我看到了自己的成长，我为这段精彩的经历感到自豪。

学生反思工具——从回望中汲取前行的力量

学生反思精选（一）

提案名称：八段锦进社区　姓名：李瑾如　时间：2017 年 3 月 5 日

发生了什么

我们尝试邀请一位遛狗的叔叔和一位老爷爷来加入我们的八段锦学习，结果被冷淡地拒绝了。

我们还遇到了两位年龄大的老人，他们因身体原因无法参加。我们并没强求或是不悦，而是向两位老人分发我们的宣传手册，可以让两位老人自学八段锦健身气功操。

有何感受

做公益不是为了展示我们的气势或响应我们的号召，而是为了尽我们所能帮助大家。只要你做得好，做得对，别人对你的评价自然是好的。而且，当你做到最好时，别人的评价并不会影响你，因为你已经尽你所能。

要用微笑面对一切，用热情感化他人。每个人都有选择的权利，不必因为被拒绝而影响自己的信心。

有哪些主意

建议活动中，明确分工，有负责招生的，有负责在场地等待教学的。

要敢于开口招生，别怕拒绝。

音响音量应适中、稳定。

在周末，社区居民的活动不容易集中，所以参加活动的居民陆陆续续，不容易现场统一安排。建议不超过一小时。

现场使用的八段锦背景音乐最好是 12 分钟，便于教学和复习。做操时，大家可以面向同方向站立，也可以围成一圈面对面做操，效果也非常好。

有哪些问题

学习八段锦并不难，但如何让社区居民经常并持久地坚持锻炼？

我们今年就毕业了，真心希望这个活动能够持续下去。

教师评语

微笑地面对问题、解决问题，这一点我很欣赏，你们小组的反思很到位。从分配工作到音响效果再到教学时间，都考虑周全，还能站在爷爷奶奶的角度去想问题，真好！特别是面对别人的拒绝能迅速调整状态，这就是学习和成长的过程。

学生反思精选（二）

提案名称：八段锦进社区　姓名：韩艺萌　时间：2017年4月8日	
发生了什么	**有何感受**
在开始时保安叔叔不知道我们要搞活动，所以不让我们进去摆放物品。刚开始招学员的时候我们遭到了许多人的拒绝，但我们没有放弃，最终招到了许多学员。	这次活动让我们受益匪浅，我们收获了成长，尤其是在语言表达和与人交流方面有了提高，更敢于表达了，可以自然地去向公园里的爷爷奶奶介绍八段锦。我们的团队也更加团结积极了，有的招生、有的教学，并且在被拒绝后也没人抱怨，而是想一些办法来改进。通过听介绍、一起练，公园里的爷爷奶奶们也多了一项健身方法，我想这对他们平时的运动也会更有益。
有哪些主意	**有哪些问题**
当天风很大，我们的易拉宝倒了好几次，但我们找到了一些砖头，压在了支架上面，这样就不会倒了。 开易拉宝的时候纸破了，我们马上准备了替补材料。	招生方法有待提高，应该在教学区周围招生，不要跑得太远。 要大胆表述，再热情一点。 在教爷爷奶奶叔叔阿姨做八段锦时，有些同学不是很认真，做操时东张西望，搞得爷爷奶奶不知该看哪里好。
教师评语	
活动一开始就面临着困难，真是让我为你们捏把汗。但是看到你们游刃有余的解决问题，为你们的勇气和付出行动点赞。这种勇气和行动将陪伴你一生，给你带来力量！	

家长感悟——在公益服务中和孩子一起成长

家长感悟精选（一）

社会公益活动——教会孩子爱与责任

吴鋆玚家长

史家小学六（2）班的同学们举全班之力开展的“八段锦健身操进社

区”社会公益项目，从策划、申请、组织、实施，到顺利收关与总结，历经半年多的时间。看着孩子们从最初创设的期待、获得项目的兴奋、遇到苦难的沮丧、共同解决问题的喜悦，到项目圆满完成时满眼溢出的自豪，作为家长，我感到非常的欣慰和感动。

“服务学习”课程极大地激发了孩子们的集体荣誉感，让孩子们感受到自己的使命感，做有益于他人、社会的公益活动，传承中国的传统文化。我记得为了获得项目，全班同学积极参与，并发动了很多的朋友一起支持他们的项目；当资金最终到位以后，他们又积极筹划组织社区的活动，让更多的老人们学习掌握这一项养生技能，在社区活动中受到老人们的广泛赞誉。孩子们也从中学习到爱老孝亲的传统美德。这些都很难通过课堂的说教来完成，而这种具体的活动学习让孩子们理解更多，收获更多。

我想这次公益活动最大的意义，是让孩子用一颗真诚的心、一颗充满爱的心、一颗愿意帮助别人的心来对待我们身边的人，让他们在爷爷奶奶叔叔阿姨们友善、鼓励、感谢的目光中，感受到帮助别人、服务社会、进行公益活动所获得的成就感。让他们知道，原来公益就在他们身边，人人都可以做，人人都能参与。几个月的付出和努力，我感受到了他们不知不觉中传递的爱心，也把帮助别人变成生活中的一种习惯。

这次活动让孩子们理解、感悟、收获了今后人生道路中最为重要的四个素质：爱、责任、协作、能力，这将使他们一生受益。

家长感悟精选（二）

在行动中收获成长

何思凝家长

史家小学组织“传承雷锋精神，践行服务学习”主题系列活动，我女儿何思凝所在的六年级（2）班开展了“八段锦进社区”项目。

孩子们在学习“八段锦”一年多后，开始尝试走进社区，服务居民，给身边人和陌生人讲解、示范传统养生体操，既锻炼了自我，又回馈了社会，这种社会实践活动的确很有意义。

3 月 26 日，孩子们一早来到皇城根遗址公园，忙着布置场地、张贴横幅、树立宣传画，然后又分组向路人和游人分发宣传资料，讲解活动内容。有些孩子性格腼腆，在向陌生人发放资料、与其交流时有畏惧心理，这很正常，殊不知很多成年人对此都有畏难情绪。作为家长，我看着忙碌的孩子们，真真切切地感到孩子们长大了。虽然他们的组织能力还很欠缺，沟通技巧也十分稚嫩，但是，他们迈出了走向社会的可喜一步。

活动开始后，作为此次活动组织者的女儿大胆地拿着话筒，面对二三十位老人侃侃而谈，毫不憷场。教学过程中，孩子们认真示范，向老人们一遍一遍地重复讲解示范分解动作，回答“学员”提出的各种问题，完全进入了“教练”的状态。

放下书本，走出教室，进入社区，服务人群，这样的活动对孩子大有益处，既全面锻炼了孩子们的组织能力、沟通技巧，又培养了孩子们学习知识回馈社会的道德观念；孩子们付出了暖暖的爱心，收获了满满的经历。

帮扶对象——公益服务社会，爱心连接你我

帮扶对象感言（一）

社区老人 1

你们开展这样的活动，很好！八段锦就要从娃娃抓起，你们能牺牲自

己的休息时间来做公益，真了不起！我都已经80多岁了，每天都做八段锦，八段锦健身操的确是一个很适合老人做的操。我们社区会做的老人比较多，有机会，希望你们经常来，我们可以切磋一下。

帮扶对象感言（二）

社区老人2

我们的腿脚不是很灵光了，没有你们做得那么好。你们教得很认真，教学的时候慢一点，我们会学习得更快些。

帮扶对象感言（三）

社区老人3

你们年龄还小，就积极地倡导推广八段锦，这样的热情，值得学习啊！

成果展示——公益，我们一直在路上！

六（2）班的“八段锦进社区”服务学习项目，走进霞光里社区、皇城根遗址公园、望湖社区和史家社区4个社区，累计服务上百位中老年人，得到了家长、学校的大力支持，受到了各社区的欢迎和赞誉。霞光里社区报还专门报道了项目组的活动开展情况。项目表现突出，最终获得了中国扶贫基金会颁发的“益路同行·优秀公益创新团队”奖，项目主创人员也受到“益路同行·小小公益创想家”的表彰。在项目组的努力下，越来越多的人开始关注八段锦这一民族运动，更亲身感受到公益的力量。

史家小学微信公众号报道“八段锦进社区”项目

霞光里社区报刊登史家小学“八段锦进社区”服务学习项目

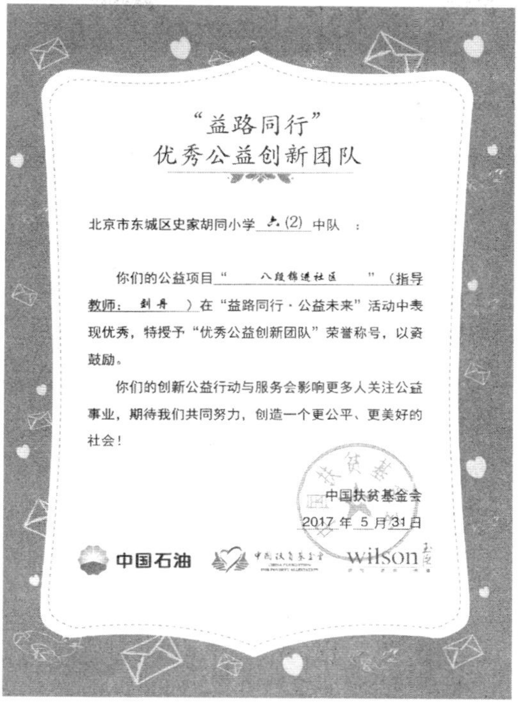

“益路同行”
优秀公益创新团队

北京市东城区史家胡同小学 六(2) 中队 ：

你们的公益项目“ 八段锦进社区 ”（指导教师： 刘舟 ）在“益路同行·公益未来”活动中表现优秀，特授予“优秀公益创新团队”荣誉称号，以资鼓励。

你们的创新公益行动与服务会影响更多人关注公益事业，期待我们共同努力，创造一个更公平、更美好的社会！

中国扶贫基金会
2017 年 5 月 31 日

中国石油

项目获得中国扶贫基金会颁发的“益路同行·优秀公益创新团队”奖

CPR 知识讲堂

“CPR 知识讲堂”服务学习项目由史家小学五（7）中队魏羽辰同学发起，五（7）中队全体同学共同参与完成。项目指导教师为史家小学魏晓梅老师。“CPR 知识讲堂”项目从2016 年12 月开始立项，至2017 年6 月圆满结束，历时半年多。项目采用现场（社区、学校等）培训 + 手机端传播培训 + 校内招募“三合一”的形式开展，一经推广即在学校和社区产生了热烈的反响。经过专家的指导，学生、居民能够很快成为助教和小培训师，帮助更多的人学习 CPR 知识。项目累计培训千人次，参与人数众多，受益人群广泛，具有较高的社会意义和实践价值。

指导教师推荐序

生命诚可贵：“CPR 知识讲堂”项目的特点和内涵

在信息资源极大丰富的今天，随着电视、手机等现代媒体的普及，我们经常会看到很多生命甚至是很多正值盛年的生命，常常在几分钟之内倏忽而逝的新闻。每次看到这样的画面，我们都会为一个生命的过早陨落而悲伤，也常为面对此情此景的无能为力而伤感。

2016 年的 11 月份，学校组织申报 2017 年度的服务学习项目提案。同学们都抱着势在必得的心态展开了激烈讨论，经过一轮一轮的激烈角逐，大家最终达成一致：我们得找一个特别有社会意义和实践价值的项目！这时魏羽辰同学说起她的一次生死急救经历：有一次，魏羽辰和爸爸在路上偶然遇到有一个叔叔突然倒地，便立即协助爸爸对他进行一系列的急救措施，最终在大家的共同努力下，叔叔得救了。经过爸爸的介绍，羽辰得知人在心脏骤停时，最初的几分钟是黄金抢救时间。魏羽辰同学提议“如果我们能够让更多的人学会心肺复苏，那样就能挽救更多人的生命”。

学生们在听了羽辰的故事后，纷纷表示 CPR 知识真的很重要，但也提出质疑，这个项目是不是能够推行呢？于是大家开始查找资料，有的同学查到在美国每四个人中就有一人具备基础急救知识；有的查到在西雅图每三个人中就有一个是急救员；有些同学查到在欧洲，以德国为例，法律要求每个成年人必须当 7 年义务兵或 7 年义务急救工作，并且在考取驾照前需接受 8 学时急救知识技能课程培训；还有的学生补充道，在瑞士则是要求每个公民都要接受急救知识培训。不查不知道，原来 CPR 在国外是这么的重要呢！而此时有另外一些同学查到，在我国心肺复苏的抢救目前还主要依赖医生，普通民众掌握这项技术的比例还不足 1%。看到这个数字，大家都震惊了，纷纷表示希望学习急救技能、救护知识，在突发事件发生时能够保持清醒头脑，及时采取正确、有效、果断的救护措施，救护更多人的生命。同时，同学们也调查到，项目推行难度不高，一般经过专业人员 1 ~ 2 次的培训和一对一实际操作，便能基本掌握。看到了 CPR 知识的社会意义和实践价值，验证了其可操作性。同学们一致认可将“CPR 知识讲堂”作为申报项目。

作为一名老师，我看到了孩子们在讨论过程中对生命易逝的感慨，他们虽然对生和死还懵懵懂懂，但是他们幼小心灵中对生命的敬畏和珍重，对帮助他人的渴望和热情深深地感染了我。这不正是我们所提倡的生命教育吗？我想通过这样真实、生动的活动，所达到的教育效果一定比一遍一遍向孩子们灌输好太多！学生们能在普及 CPR 知识的同时也学会了尊重生命、敬畏生命，这也正是这个项目带来的教育意义。

人多智慧广：CPR 知识讲堂项目的支点和亮点

一个团结合作的集体是一个项目完成的重要支点。CPR 项目确立后短短的一天时间里，就成立了以魏羽辰、朱可冉、赵家琪、石雨霏、杨牧来五位同学为核心成员的项目实施小组，为项目后续的顺利开展建立了坚实的团队基础。

我们班同学开展此项活动有着突出的优势，一是班集体凝聚力强，核心组成员有较强的组织能力。在项目小组正式走入社区之前，项目小组在全校的星期六课堂上进行了 CPR 知识讲解。为了更好地参与和完成任务，班级很多同学推掉了周末的学习和活动，在各自的岗位上出色地完成了任务。二是核心组中两位同学的家长均有培训 CPR 知识的丰富经验。特别是朱可冉同学的父母均为协和医院急救科的主任医师，是全国传播推广 CPR 知识一流的专业讲师。三是班级的家长团队在外联、外宣等方面各有所长，他们的无私奉献是这个项目取得成功的重要保证。

服务学习不仅是一种公益活动，更应与学校课程密切联系，在服务学习中服务活动得到精心组织，使它既注重服务的过程又注重学习的过程，既满足社区的实际需要，又有明确的学习目标。正是基于对服务学习的这种理解，我在指导的过程中，和家长团队集思广益，每次进行社区活动前，都要求项目小组成员要确定本次活动目标和自身学习目标。所以，半年的活动下来，在培养了同学们服务社会的责任感和公益精神的前提下，这次活动也展现了更多让人惊喜的教育功能。

一是同学们的口语交际和写作能力得到提高。由于每次项目的实施都需要联系场地，讲解活动意义、确定参与人员，活动结束后又要了解活动效果，撰写新闻报道，进行分享展示等，在这种真实场景的锻炼下，项目小组同学们的语言表达和写作能力均有不同程度的提升。

二是同学们媒介素养能力有所提升。随着时代的发展，智能手机对小学高年段的同学已不陌生。以往同学们对手机的使用主要是用于游戏和刷微信，而本次活动项目小组申请了微信公众号，同学们学会了将所要传播的知识和视频等资料全部整合到微信公众号当中，既便于接受培训人员再次学习或宣传推广，也使同学们对手机的功能和价值有了重新定位和发现。

书到活用可通神：CPR 知识讲堂使孩子的能力得到了锻炼和提高

陆游在《冬夜读书示子聿》一诗中说："纸上得来终觉浅，绝知此事要躬行。"知行合一是中国历代教育家都特别强调的教育方法。通过这次活动，在核心组几位同学的身上，我非常惊讶地发现了这种知行合一的服务学习之于孩子们是近乎脱胎换骨般的塑造能力。

项目发起人魏羽辰同学是一个学习上踏实努力，但性格较内向，在班集体中默默无闻的同学。由于项目工作的需要，作为项目发起人必须在全校大会上推广自己的项目。为了不让羽辰过分的紧张，我安排了其他两名同学配合，第一天排练时羽辰在台上声音怎么也出不来，表情也不自然。这让大家很着急，但是没有一位同学去指责羽辰，反而是耐心地指导和鼓励她。经过不懈努力，羽辰同学不仅在表达技巧上有了大幅度的提升，也明白了作为项目发起人的责任和担当。在正式登台亮相那天，三名同学的出色发挥获得了全场师生的掌声和支持，校长和主任们都为他们的表现竖起来大拇指。自此以后，羽辰同学上课回答问题更加积极，声音洪亮，组织起活动来也有模有样。开心的笑容和快乐的分享，使她信心倍增。

杨牧来同学是核心组中唯一的一位男同学。作为四年组下学期才转到班级的一名同学，由于和同学们相处时间较短，再加上牧来身上的一些散漫习惯，使他经常游离于集体之外，对学校的规则要求常常是"漫不经心”，与同学们的关系也是“若即若离”。这次能够作为唯一一名男同学加入 CPR 小组，使牧来真正地感受到了集体的信任与融洽。在进行 CPR 动作指导时，牧来再也不是考场上的那个“马小虎”了，不仅讲解耐心细致，还在活动中结交了朋友，集体荣誉感和与人沟通交往的能力都有了很大的提高。尤其是在“六一”儿童节进行 CPR 情景剧的表演时，他表情投入，声音洪亮，获得了热烈的掌声。表演结束后，牧来高兴地对我说：“魏老师，我也能为咱班争光啦!”

举一隅而以三隅反：关于服务学习的思考

正如阿登·姆恩教授指出：“我们的文化缺乏对年轻人进行公民相互依赖和个人责任心的养成性教育。服务学习为中小学生开启了跨学科课程学习的大门，并给他们学习生活技能（如团队工作）提供了机会。”服务学习对于孩子们的培养教育是全方位的。它不但可以将孩子们学习到的知识转化成为服务社会的本领，而且可以在学习的过程中锻炼每个人的组织能力、沟通能力、表达能力、分析能力。在担任本次 CPR 知识讲堂服务学习项目指导教师的过程中，我也和孩子们一起成长，加深了我对服务学习的一些理解，为以后的指导工作积累了丰富的经验。

首先，服务学习需要学生积极主动地参与。只有学生积极投入到活动中，主动探索服务学习的方法和内容，才能不断培养和提高学生的学习能力、实践能力、创新能力和乐于助人的奉献精神。过去学生往往被认为是被动的学习者与被服务的对象，而服务学习则要求他们成为主动的资源提供者、学习者及项目中的领导者。

其次，服务学习要进行持续的总结反思。现代教育强调对学生批判性思维的培养，在服务学习的过程中，对每个活动过程的总结反思，就是引导同学们对服务经验和课程内容进行批判性思考的一种行为，它有助于学生避免盲目地参与社区服务，有助于学生将服务学习经验内化为自身的素养、能力。

再次，服务学习对于孩子们德育方面的培养更加突出。孩子们在组织活动的过程中，难免会出现意见不同的情况，在交流争执的过程中他们学会了彼此尊重，学会了聆听和表达，这一点非常难能可贵。通过此次活动，孩子也更加感受到了父母对他们的爱和支持，也进一步了解了学校、老师对他们成长方方面面的关心和爱护。特别是许许多多陌生人给予他们的默默帮助和祝福，也让孩子们收益良多，让他们学会去爱，学会去感恩。

本次“CPR 知识讲堂”服务学习项目在同学们和家长团队的共同努力下，取得了圆满成功。所谓教学相长，在这个过程中，不仅心肺复苏知识得到传播，同学们的能力得到锻炼，我对服务学习的理解也得到了深化。我想，这不仅是一个完美的结束，更是一个充分的开始，希望孩子们通过这次的服务学习项目收获更多的经验，绽放出更为绚烂的花朵。

指导教师：魏晓梅

创想梦工厂——种下一颗公益的种子

（一）创想动因

心脏骤停时，最初的几分钟是黄金抢救时间。人在遇到突发情况时，如果能遇到一个会心肺复苏急救知识的人，也许就能挽救他的生命。让更多的人学会心肺复苏操作方法，就能挽救更多人的生命。现阶段，社会上大多数人对心肺复苏技术还不大了解，发现意外只能等救护车来时，由医护人员对病患进行急救处理，这往往错过了急救的黄金时间。因此，五（7）班计划成立一个“心肺复苏（CPR）知识讲堂”，邀请专业人员进行心肺复苏知识和规范操作的培训，并通过“讲堂开讲 + 当堂实践 + 通关游戏”的形式，线下与史家妈妈读书会、爸爸运动会充分结合，线上面向全社会招募感兴趣的人参与其中，使更多的人了解并掌握 CPR 急救方法。

（二）团队介绍

“CPR 知识讲堂”团队情况

发起人及总负责人	魏羽辰	10 岁，史家胡同小学五年级（7）班队干部，有一定的组织能力，热爱班级，热心公益，热爱生命
团队伙伴	朱可冉	10 岁，史家胡同小学五年级（7）班中队干部，热爱班级，团结同学，热爱生命，善于交往，有一定的沟通能力和组织能力，在项目中主要负责组织工作
	石雨霏	11 岁，史家胡同小学五年级（7）班中队干部，热情、善良、善于沟通，善于策划一些学生自主活动，深受伙伴们的喜爱，在项目中主要协同活动的策划、沟通与落实
	赵家琪	11 岁，史家胡同小学五年级（7）班大队干部，有很强的工作能力，热情、开朗、善于沟通，有很强的组织能力，主要在项目中负责活动的宣传与推进工作
	杨牧来	10 岁，史家胡同小学五年级（7）班，有礼貌，热情、善良，在项目中主要负责外联工作
指导教师	魏晓梅	校级骨干教师，热心公益。从事多年的班主任工作，有较强的教育教学能力，多次组织学生开展丰富多彩的活动，深受学生和家长喜爱。在此项目中，能够很好地引领孩子逐步完善项目计划，培养孩子各方面的能力
家长志愿者	王雪玲	魏羽辰妈妈，北大医院医生，熟悉 CPR 心肺复苏程序和技能，在项目中协同召集专业人士给予技术支持
专家顾问	于春华	北京协和医院教授，在讲堂开设中可以进行专业指导
	朱华栋	北京协和医院教授，在讲堂开设中可以进行专业指导

（三）实施过程

项目共分为五个阶段。

第一阶段（2016 年 12 月 ~2017 年 2 月）：这一阶段主要是项目启动与准备阶段，项目组主要负责资料搜集，进行基础材料的准备工作，同时组织团队成员开会讨论具体事项安排。

第二阶段（2017 年 3 月）：这一阶段为筹备期，项目组主要负责讲堂开讲前的各项准备活动，包括活动场地、参会人员、会场物品等；设计通关游戏环节，激发兴趣，增强互动性；发起线上、线下宣传，组织动员更多的人参与到活动中来。

第三阶段（2017 年 4 月）：这一阶段为活动期，主要分为两轮进行。第一轮讲解阶段为 2017 年 4 月 1 ~ 15 日，邀请史家妈妈读书会家长进行 CPR 知识的讲解，邀请爸爸运动会的家长进行 CPR 实际操作演示，使参加人员初步了解 CPR 急救知识，学会基本的 CPR 操作。结束时邀请专业人士考核。

项目组学习基本的 **CPR** 操作

第二轮讲解为 2017 年 4 月 16 ~ 30 日，主要进入社区进行 CPR 知识讲解，分为邀请专家进行专业讲解和心肺复苏演示两部分内容。朱华栋、于春华两位教师用通俗易懂的语言、专业标准的示范给公众献上了一场场别开生面的心肺复苏培训课。项目组先后去往顺义区牛栏山镇下坡屯村社区、朝阳区金盏家园社区、国家行政学院附属中学初一年级、大兴区康庄社区，开展了四场宣讲活动，每次培训 30 人左右，共计培训人数为 120 人。同时利用学校组织的周末家长课堂，策划一次校内亲子 CPR 知识讲堂活动，招募 30 多个家庭，对其进行 CPR 知识培训。

项目组进入社区进行 CPR 知识讲解

第四阶段（2017 年 5 月）：这一阶段主要是分享总结。项目组组织参会人员开展总结会议，对活动效果进行评估，总结活动经验。同时积极参与校内、校外各项分享会，积极推广经验，扩大影响力。

项目组开展分享会

学生行动日记——记录公益之花盛开全过程

学生行动日记精选（一）

2017 年 4 月 21 日　星期五　多云

五（7）中队　魏羽辰

今天是我们“CPR 知识讲堂”团队走进国家行政教育学院附属中学向那里的哥哥姐姐们介绍 CPR 急救知识的大日子。下午放学，我们赶紧背起书包一路小跑来到路边。我们提前约了车，告诉司机叔叔我们要去做公益行动，司机叔叔还夸奖了我们。为了能将活动更好地展示给大家，在车上，我们在精神上也丝毫不敢怠慢：清点所需物资、练习主持人台词、背诵 CPR 操作时的动作要领口诀。

我们一行人乘车一路疾驰，一个半小时以后，终于达到了此次活动的目的地——位于大兴区的国家行政教育学院附属中学。一想到马上要给比我们年龄稍大的哥哥姐姐们培训介绍心肺复苏知识，我们几个小伙伴心里还是有些紧张。

学校为我们安排的授课地点是位于三号教学楼五层的报告厅。当我们走进高高的教学楼时才发现，教学楼里没有电梯，只能一阶一阶的走上去，要是平时也无所谓，但是现在我们还有三个五六十斤重的模型需要搬到现场。为了不耽搁时间，我们二话不说，两人一组愣是将模型抬了上去。走到报告厅门口，大家你瞅瞅我，我看看你，每个人脸上的汗都顺着鬓角往下淌，有点狼狈，但是我们已经顾不了那么多了。我们推开报告厅的大门往里走，会场一下子响起了热烈的掌声，原来前来听课的哥哥姐姐们早已整整齐齐地坐在座位上，写有“CPR 知识讲堂”的电子显示屏已经亮了起来。我们顾不上休息一下，赶快摆放好模型。国家行政教育学院附属中学的校长对我们的此次活动向大家进行了简要的介绍。我们站好队形，马上开始此次课程的讲授和内容展示。在理论传授的过程中，哥哥姐姐们聚精会神听讲的样子，回答问题时踊跃的状态，以及实操阶段一丝不苟的精神都给我留下了很深的印象。课后，我们又共同交流分享了近期发生在我们身边实实在在的心肺复苏方面的实例以及我们日常学习过程中的心得体会。

在活动的过程中，我看到每个人脸上洋溢着的求知欲望和笑容，虽然一路奔波，胳膊酸疼，但是心里还是美滋滋的。通过“CPR 知识讲堂”五期的现场公益讲授活动，使我更加切实地感受到学校、老师对我们公益小组每名成员的关心，我们背后家长们的鼎力支持以及许许多多不知名的叔叔阿姨对我们此次活动所做出的无私奉献。分享是一把神奇的钥匙，学会分享，也就学会了快乐！

学生行动日记精选（二）

2017 年 5 月 13 日　星期六　晴

五（7）中队　朱可冉

今年的 3 月底，我成了服务学习项目“CPR 知识讲堂”的核心成员，为此我感到非常的骄傲和自豪!

第一次“CPR 知识讲堂”活动是在学校举办的，主讲人是我爸爸——北京协和医院急诊科朱华栋教授。我和魏羽辰、赵家琪、李铭轩成为那次活动的主持人。刚开始我的内心有一些小紧张，后来，看着同学们听我爸爸讲课时脸上那认真的表情，我慢慢放松下来了。于是我把目光转移到好朋友林禹涵脸上，她好像正在用眼神对我喊加油，顿时我的内心充满了能量。我爸爸讲完 CPR 知识和操作要领后，他请来了他的助教——王江山叔叔，他们两人联手为大家演示了 CPR 的全过程。从打急救电话，到让人群散开保持空气流通，再到心肺复苏人工呼吸，全过程标准地演示了一遍。同学们看完之后，也按照这个标准进行了 CPR 的全过程演练。此时，我从主持人的座位上站起来，走到同学们当中，纠正了他们的错误，自己也演练了 CPR 的全过程。看见同学们投入地演练，我的嘴角不禁上扬，开心地笑了。这是第一次“CPR 知识讲堂”活动，也是规模最大的一次，更是让我印象最深刻的一次。

第一次“CPR 知识讲堂”为我们开了好头，后面的 4 次社区培训活动也都圆满成功。这 4 次社区“CPR 知识讲堂”是由我的妈妈——北京协和医院麻醉科于春华教授主讲，参加培训的人员有社区物业工作人员、保洁工人、已经退休的爷爷奶奶和小学生们。这些社区的人们学习得更加认真，毕竟他们从未接受过急救知识的培训。我从活动中才慢慢体会到“CPR 知识讲堂”的重要性，这些学会急救的社区人员可能会挽救一个人的生命。我希望有更多的人加入我们的队伍当中，去挽救生命，多一点机会，就多一点儿希望。

我们要感谢班主任魏老师、同学以及家长对我们的帮助，更要感谢那些不知名的人给我们的帮助，是他们给了我们无限的力量，使得我们继续前进。

在这几次活动中，我们团队的成员得到了锻炼。活动中我们懂得了很多，我懂得了团队合作的力量是多么的强大，我懂得了同学之间的关爱是多么的亲切，我懂得了老师对我们的鼓励是多么的充满能量，让我们可以创造美好的未来……

通过这几次活动，我不仅收获了 CPR 的知识与技能，更收获了无比珍贵的友谊。这期间，当团队中的成员有困难时，我们会帮助他，于是这个队伍中充满了温暖。

时光飞逝，没想到几个月的时间就这么过去了。我非常怀念公益之行的这几个月美好时光，充满了欢声笑语，充满了一颗颗努力奉献的公益之心。我正走在公益的成长道路上，我会为自己创造一个美好的未来，公益使我们快乐，CPR 使我们成长！

学生反思工具——从回望中汲取前行的力量

学生反思精选（一）

提案名称：CPR 知识讲堂　姓名：杨牧来　时间：2017 年 6 月 2 日	
发生了什么	**有何感受**
有些爷爷奶奶或哥哥姐姐不会做或做错了，我们就得耐心的指导，而且举止不能拘束，行为要端庄大方。我们需要为他们做示范，还不能做错，做错的话他们也会错。 发本、材料、礼物时，他们可以自己领取，但是出于礼貌，我们还要很礼貌的递上去。	在中国如果有 99% 的人会做 CPR，那么这个活动几乎可以不办。正因为会的人少之又少，所以这项活动才能脱颖而出，能在全校展示，给了我一个向全校证明自己的机会。 做 CPR 其实并不难，只要牢记，按照 C（按压）——A（清除气道异物）——B（人工呼吸），再在前面做一些事情就可以了。有时别人的生命就在你的手中。

有哪些主意

我的游泳老师会最标准的 CPR 知识，下次可以邀请我的游泳老师做我们团队的指导教师。

有哪些问题

一学期太少了，想多做一段时间。

只在北京，地域太狭小，可以扩大范围，比如可以去河北、天津、山西等周边地区进行服务指导。

教师评语

牧来重点从 CPR 活动时的行为态度、指导方法、活动意义等方面记录了自己在“CPR 知识讲堂”中的所见所闻所感，并能够在认真观察、深入反思的基础上，发现问题，提出了自己的解决办法，感受真诚，建议合理。

学生反思精选（二）

提案名称：CPR 知识讲堂　姓名：赵家琪　时间：2017 年 6 月 22 日

发生了什么

最后一次活动的时候，我们上课的教室非常大，要是我们就摆放了三个假人，很多居民一进门就会吓一跳。于是我们决定在门口站一个志愿者，每进来一位居民就提示一下。

有何感受

我发现组织一个活动不仅需要会备课、会这个专业、更要能与居民互动。在这次活动中我们就见到了各种各样的居民，在跟他们交流时我们也学到了很多与人交流的方法。

有哪些主意

每次活动最后组织一个比赛，将居民分成 2～3 组进行接力比赛。第一棒的居民边拍球边往第二棒的居民那里跑，最后将球传给第二棒的居民。第二棒的居民给假人做 30 次心肺复苏，再将球传给第三棒的居民。第三棒的居民回答评委问的有关心肺复苏方面的问题，回答正确后将球传给第四棒的居民。第四棒的居民再排球返回到假人身旁，给假人吹两口气，评委要保证居民将假人的胸廓吹起才可通过，否则重新吹，再将球传给第一棒的居民，居民抱着球跑回起点并击拍评委的手即为挑战成功。最终哪组的用时最短，就成为冠军。

有哪些问题

在活动中，很多市民在参加活动之前不太了解 CPR 是什么，我们要为每一位到场的市民讲解，对他们的疑问进行解答。

教师评语

赵家琪同学在这次的活动中观察细致，发现了问题并能及时解决问题，切实考虑到了居民的感受，在沟通中也能够大方、亲切地与社区居民交流，整体表现积极踊跃，组织能力强。同时提出了采用游戏比拼的方式来考核大家的学习情况，设置合理，可以在下次活动中研讨、采用。

家长感悟——在公益服务中和孩子一起成长

家长感悟精选（一）

CPR——生命教育重要一课

赵家琪家长

这个学期孩子们越来越多地参与到社会实践学习中，每当看到她们开微信电话会议，上网查阅各种资料，关注询问社会问题，并由此所带来的思考和成长让我们家长由衷欣慰！

这次孩子们选择的服务学习主题“CPR 知识讲堂”非常有意义，这可能是孩子们第一次直面生命和生死问题。在搜集资料和进行调研的过程中他们了解到，我国心肺复苏普及率不到1%，这就意味着大多数人在心跳骤停时因为没有得到旁观者的及时救助而失去生命。那一个个案例视频让孩子们从惊愕到沉思到行动，作为抢救心博骤停这一直接威胁人们生命急症的主要手段——心肺复苏术 CPR 就成了孩子们服务过程中最重要的学习内容。五场服务完成之后，团队里每个孩子都能熟练地讲解示范了，这将是孩子们受益终生的技能。

服务学习体现在孩子们既是学习者，更是服务者，孩子们通过组织策划、参与这次公益项目，不仅亲历了一次公益服务项目从策划方案到组织协调，再到实施服务的完整过程，还体会到团队成员优势互补、彼此协作的乐趣。孩子们在服务现场各司其职，敢于担当，他们不仅在服务的过程中为社会做出有意义的事情，更是在社会实践和公益服务过程中得到了成长，这也将会是孩子们受用一生的经历。

整个项目的进行过程中，学校从场地、资金各个方面给予大力支持，班主任魏晓梅老师的引领指导，主要牵头的家长魏羽辰爸爸妈妈组织协调统筹，还有医学专家——朱可冉同学爸爸妈妈的专业支持，再加上其他几位家长的鼎力配合，给孩子们也给家长们一次生动的生命教育——珍重生命的美好、学会积极的生存。这也是本次“CPR 知识讲堂”所有参与者最大的收获！

家长感悟精选（二）

心手相连·点亮生命

朱可冉家长

我是一名麻醉医生，在一家教学医院工作，平时培训住院医生进行心肺复苏是我们教学工作的一部分。在手术过程中，遇到危急病例，麻醉医生也是第一个站出来，充当组织抢救的灵魂人物。但是参加“CPR 知识讲堂”，把医学心肺复苏知识和技术带到社区，带给非医学专业人士，对我本人来说还是第一次。

每到一个社区培训，看到人们渴望的目光和专注的神态，我的教学热情也随之高涨。没想到人们那么渴望学习急救知识，我就更加声情并茂，举例示范，力图通俗清晰地传递出 CPR 的要点。每次讲课下来，家长和社区人员都赞不绝口，夸我讲得非常好，这让我收获了工作之外的快乐。

我的女儿朱可冉是“CPR 知识讲堂”的核心成员，我明显感觉到她在活动中得到的锻炼和成长。一方面妈妈努力地授课，积极参与公益的态度对她有积极的影响，另一方面，她自己在反复培训助教过程中，已完全熟练掌握了 CPR 技能。更重要的是，她体会到生命的可贵，体会到 CPR 的重要性，愿意把自己的精力和时间奉献给公益事业，让更多的人学会 CPR，用自己的双手，复苏心跳，点亮生命。

从开始筹划到实施完成“CPR 知识讲堂”的整个过程中，特别感谢指导老师魏老师付出了大量的时间和心血。感谢学校提供的平台，感谢魏羽辰提议发起的活动，感谢核心成员的努力付出，感谢所有家长和同学们的积极参与！

家长感悟精选（三）

公益·服务·成长

杨牧来家长

“CPR 知识讲堂”项目圆满结束了，说实话我的心里真的是留有太多的不舍。刚开始，孩子刚刚拿回服务学习提案申请材料时，我完全不知道服务学习是什么东西，以为又是一个简单的走过场的教学形式而已，根本没有放在心上。后来，孩子在班主任魏老师和羽辰爸爸的建议下，加入了“CPR 知识讲堂”的团队，我也进而陪着孩子全程参与了这个服务学习的项目，我看着孩子们随着活动的开展而一步一步的变化、一点一滴的成长，真的是从心里往外的开心和激动。

现在的孩子们大多数是独生子，从小都是全家人为他们服务，他们为别人服务的机会很少。即便是一些教育理念好的父母，会有意地让孩子们在家里做些家务，但其活动的对象也仅限于自家人群。史家小学的服务学习项目，将孩子们的服务直接与社区对接，使孩子的服务与社会接轨，既给了孩子们一个社会实践的平台，又使他们看到，通过自己的努力，真的能够帮助别人，从而在他们的幼小心里埋下一颗厚重的公益的种子，同时也收获了对自己能力的信任和肯定。这些内驱力的形成，真的是孩子成长路上的无价之宝。

因此，我由衷地赞叹史家小学先进的课程设置体系。同时也感谢学校的领导、老师对孩子们活动的热切关注和悉心指导，尤其是班主任老师，从立项到项目实施直至项目最后的汇报演出，每一个环节都付出了大量的心血。最后，感谢每次都带给我惊喜的孩子们，感谢那些一起见证孩子们成长的家长朋友们，有你们在一起，真好！

帮扶对象——公益服务社会，爱心连接你我

帮扶对象感言精选（一）

北大医院　王金睿

今年 38 岁。在 3 月 25 日的星期六课堂中担任助教，我的女儿作为此次活动的学员也受邀参加。看到孩子们一张张渴求知识的面孔，整齐划一的坐姿，我被深深地打动了。平日里我们在医院里常见的抢救常识，还有这么多同学和家长渴望了解超出我的想象。看着同学们实操阶段认真的样子，我真的愿意手把手的一一教会他们。今天非常欣慰的是我女儿也能够在讲台下安静地把全部课程听完，还饶有兴趣地问这问那，并参加完全部的活动。非常感谢能够参加此次公益活动。

帮扶对象感言精选（二）

顺义区牛栏山镇下坡屯村社区居民张秀芝

今年 62 岁，和老伴两个人居住在社区，有两个女儿，都生活在国外。老伴患有心脑血管疾病。参加了“CPR 知识讲堂”之后，张秀芝阿姨特别

高兴，她说："有这么专业的医生给我们现场培训，我学会了这些技术，老伴身体再出现什么状况时，我这心里就有底了。"

帮扶对象感言精选（三）

北京市朝阳区金盏家园第一社区居民王建清

今年 36 岁，某高校教师。在整个培训的过程中，她听得最为认真，实践环节也练习得最充分。当小志愿者们表扬她动作规范时，她和项目组成员聊起了她参加这次活动的原因。原来她有一位非常要好的朋友，性格开朗，喜爱运动，有一天下班后和大家一起在校体育馆打羽毛球，打着打着突然便倒在了地上，昏迷不醒，等 120 赶到时，一切都来不及了。那一年，她的朋友才 30 岁，距离结婚还有 1 个半月。120 的医生说，如果现场有人会 CPR 心肺复办知识，争取一点儿时间，她的朋友也许就能救回来。正因为这样，当她看到社区举行"CPR 知识讲堂"时，她本来加班，但还是请了假，来参加这个活动，她希望自己能够掌握这个技术，让像她朋友那样的悲剧不再发生。

帮扶对象感言精选（四）

国家行政学院附属实验中学初一学生王雅雯

今年 14 岁，他对海姆立克急救法特别感兴趣。因为他发现在生活中，同学们因为吃饭打闹或讲笑话而呛着的情况经常发生，而海姆立克急救法简单易学，只要找准施力点，动作准确，可以非常有效地利用肺部残留气体，将呛进气管内的异物排除出去，从而减少因食物、异物窒息造成呼吸道梗阻致死的情况。他说："希望能够把学到的知识传授给其他班的同学，这样同学们再呛到时就不害怕了。"

帮扶对象感言精选（五）

北京市八一学校初一年级学生张婉泽

今年 13 岁，她参加了“CPR 知识讲堂”的启动仪式，并在通关游戏中取得了非常好的成绩。她非常希望能用自己学到的知识帮助更多人，她说：“这次活动让我明白了什么是公益精神，原来像我这样的小朋友也可以做公益，今后我也希望能够加入到这个团队中，去帮助更多的人。”

成果展示——公益，我们一直在路上！

五（7）中队开展的“CPR 知识讲堂”服务学习项目，历时半年多，先后走进史家小学星期六课堂、顺义区牛栏山镇下坡屯村社区、朝阳区金盏家园社区、国家行政学院附属中学初一年级、大兴区康庄社区，成功帮扶近千人，取得了较大的社会影响力。因表现突出，项目获得了中国扶贫基金会颁发的“益路同行 · 优秀公益创新团队”奖。

在项目初期，主创团队就提出创办自己的“CPR 知识讲堂”微信公众号，通过手机端扩大宣传范围；同时行动小组自主编制的《现场生命急救知识与技能》手机端 H5 微宣传册在线上发布，极大地方便了大家了解急救知识。“CPR 知识讲堂”项目还受到帮扶社区和新闻媒体的关注和认可，大兴区清源街道就本项目进行了专门介绍，北京电视台《都市晚高峰》节目也对项目进行了专项报道。

"CPR 知识讲堂" 微信公众号

行动小组自主编制《现场生命急救知识与技能》手机端 **H5** 微宣传册

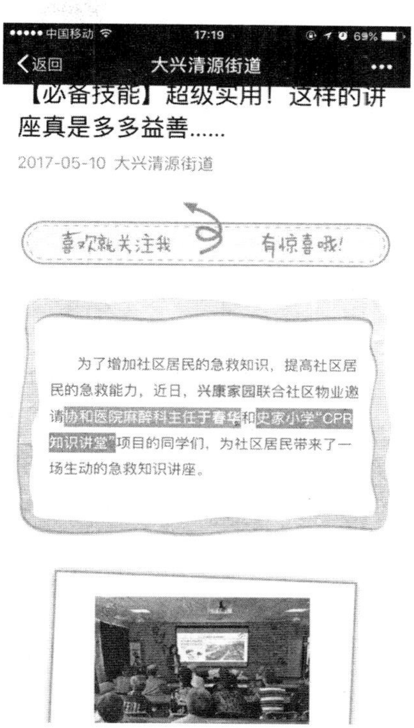

大兴区清源街道微信公众号发布“**CPR** 知识讲堂”项目进社区

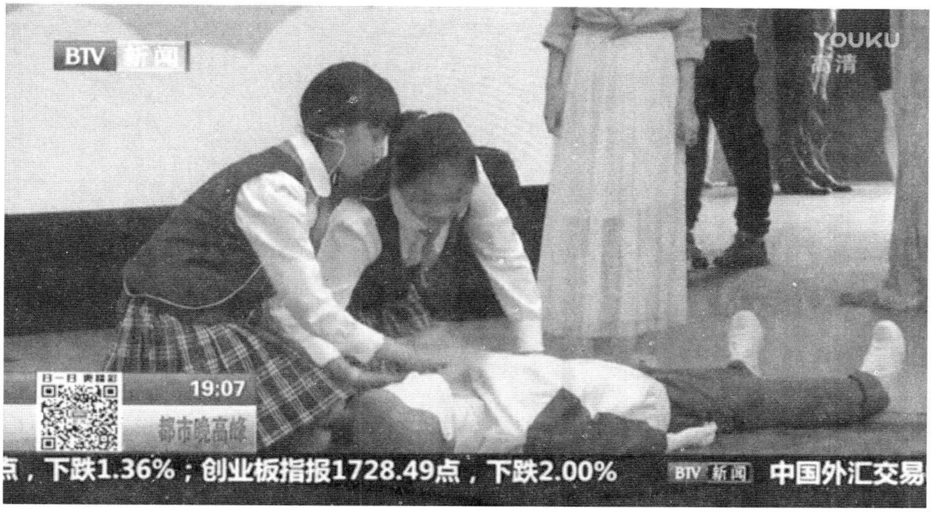

北京电视台《都市晚高峰》节目对项目进行介绍和报道

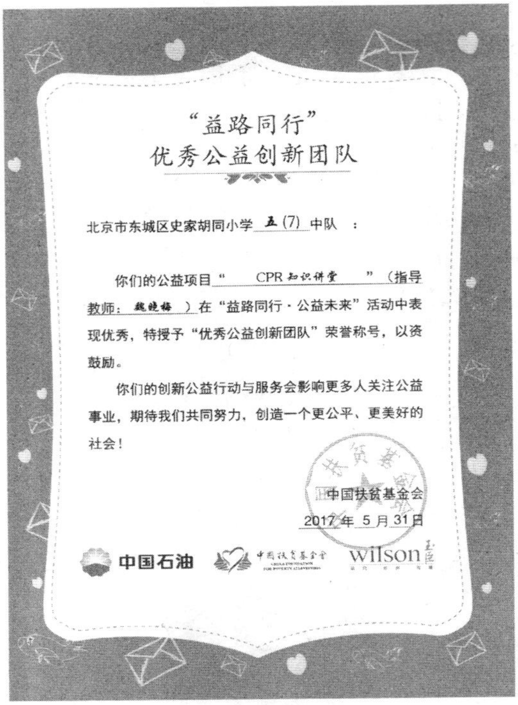
“益路同行”
优秀公益创新团队

北京市东城区史家胡同小学 五(7) 中队 ：

你们的公益项目“ CPR 知识讲堂 ”（指导教师：魏晓梅 ）在“益路同行 · 公益未来”活动中表现优秀，特授予“优秀公益创新团队”荣誉称号，以资鼓励。

你们的创新公益行动与服务会影响更多人关注公益事业，期待我们共同努力，创造一个更公平、更美好的社会！

中国扶贫基金会
2017 年 5 月 31 日

中国石油　中国扶贫基金会　wilson

项目获得中国扶贫基金会颁发的“益路同行 · 优秀公益创新团队”奖

古琴文化伴你行

“古琴文化伴你行”服务学习项目由史家小学六（1）中队朱玺霖同学发起，六（1）中队全体成员共同参与完成。项目指导教师为史家小学孔继英老师。“古琴文化伴你行”项目自2016年12月启动，至2017年6月顺利完成，历时半年多。项目通过小型讲座、“快闪”、发布微信公众号文章、线下推广等方式向学生及社区居民介绍古琴文化，让更多的人认识古琴、关注古琴、喜爱古琴。项目还受到搜狐新闻、新华社首都快讯、人民网等多家主流媒体报道，引起广泛关注。

指导教师推荐序

古琴曾是古代文人的必修课，但如今对于大众而言却是一张陌生的名片。六（1）中队朱玺霖同学6岁开始学习古琴，在北京市及全国各项比赛中屡获奖牌，并多次跟随家长参与受灾援助等公益活动。在六（1）中队服务学习项目提案讨论会上，全班同学都踊跃发言，展示自己的公益项目。有的同学提议为贫困山区孩子捐款，有的提出走进敬老院慰问孤寡老人，但是，朱玺霖的提议却让人眼前一亮。他提出，古琴是经典的传统文化，但是现在只有很少一部分人知道古琴，能够弹奏古琴的更是少之又少，现代社会快节奏的生活导致人们精神压抑，心情浮躁。古琴悠扬的声音、高雅的气韵，能够让人们心情舒畅，保持愉悦。而他自2014年10月起开始担任史家书院“小主讲”向全校师生介绍古琴文化，在古琴文化推介方面积累了一定的经验，他表示对自己非常有信心！

听了朱玺霖的发言，大家都对“古琴文化伴你行”项目产生了兴趣，纷纷表示要加入这个项目，使古琴这个极具传统文化特色和社会实践价值的传统文化项目得到更多的关注。

项目一开始，孩子们就面临一个困难。古琴是朱玺霖同学所擅长的，而团队中的其他成员却都是“门外汉”。“孔老师，我们都不会古琴，短时间也学不会，那还怎么推广古琴呢?”孩子们一腔热情，却不知道劲该往哪儿使！作为老师，我及时开导他们：“孩子们，我们的项目是要推广古琴文化，是不是一定要大家都得会弹古琴才能推广呢？古人说的好‘寸有所长，尺有所短’，就是告诫我们要正视自己，接受每个人的差异。你们是一个团队，每个人可以有不同的分工，发挥自己的优势，才是最好的。”听了我的建议，孩子们开始转动小脑筋，想想自己能做点什么。五位核心成员团结一心，分工合作：朱玺霖同学负责进一步完善自己的演讲稿，吸引更多听众；性格开朗活泼的罗晴、张景颐同学主动承担起线下推广活动的主持和项目推广宣传的任务；李子昂同学有较强的美术功底，他负责活动海报和纪念品的设计；富奕霖同学常年学习音乐，具备一定的音乐素养，主要负责音乐资料的收集，并负责微信公众号内容的更新与推广工作。

修改演讲稿、选定场地、排练节目、撰写主持词、制作海报、印发宣传单，每个环节孩子们都认真对待，高度负责，也互相鼓励，团结协作。我看到朱玺霖同学反复修改演讲稿，在史家书院张婉主任的指导下一遍遍试讲；我看到张景颐同学第一次承担主持任务时的紧张，也看到罗晴同学把自己的主持经验毫无保留地传授给张景颐；我还看到性格内向、不善表达的富奕霖同学在李子昂同学的帮助下华丽转身，成为合格的小助教……太多的瞬间，让我感受到孩子们点点滴滴的进步，我相信经过这次行动的洗礼，孩子们一定会收获不一样的成长经历。

一切准备就绪，孩子们的第一次线下活动开始了。活动计划两点开始，而当天清晨，我就收到朱玺霖同学发来的已经布置好的活动现场照片，我不禁为孩子们高涨的热情所感动，也被他们认真负责的工作态度深深打动。活动场地是位于繁华闹市中的仰玉轩，然而活动都快开始了，现场除了项目组成员、家长代表、老师和几位古琴名家，居然一个观众都没有！孩子们有些失落，还有孩子小声嘀咕着是不是活动宣传出了问题，另一个急忙回道“不应该呀！我们活动前一个月就在微信公众号上发布了活动通知，还发了很多宣传单呢”，有家长表示可能是古琴文化离日常生活太遥远了，想让大家对它感兴趣并不容易！此时孩子们心急如焚，满腔热情像被浇了一盆凉水，一下子全蔫了！“难道自己讲给自己听？”看到大家有些泄气，关键时刻项目发起人朱玺霖同学站了出来：“我爸爸经常说，俗话说得好，办法总比困难多，我们还是想想有什么好办法吧！大家觉得‘快闪’怎么样？现在很多活动都是以‘快闪’形式引起大家关注的。”听到朱玺霖同学的妙招，在场的同学们、老师还有家长都眼前一亮，立刻着手准备起来。不一会儿，在热闹的仰玉轩门口就出现了这样一幅画面：朱玺霖同学穿着长袍，抱着古琴坐在台阶上弹奏起《梅花三弄》。这样的闹市中竟出现如诗如画般的场景，过路的人们被琴声吸引，纷纷驻足而立。看到围观的人越来越多，项目组的成员们也忙碌起来。他们有的邀请路人来听讲座，有的发放古琴文化宣传单，有的让匆匆赶路的人扫描手机二维码了解古琴文化……就这样，“快闪”行动让孩子们成功招募到了观众，虽说人数不多，但朱玺霖同学小主讲的讲解毫不打折，尽其所能让更多人了解古琴文化。让孩子们惊喜万分的是，观众中有一位来自山东的阿姨，她在微信公众号上看到发出的活动通知，竟然一大早坐火车从山东赶过来。她对孩子们发起的行动大加赞赏，鼓励孩子们坚持下去。

针对第一次线下活动遇到的问题，孩子们及时进行了有效的反思，总结了自己在活动中的成长。我欣喜地看到服务学习项目带给孩子的变化，他们在团队中找到了自己的归属感和价值，更收获了一份自信和动能，这股劲头也帮助他们在学习中不断地攻坚克难。朱玺霖同学天性活泼，有时候注意力不是特别集中，甚至还有点儿调皮捣蛋，但自从成为项目负责人后，他不但组建了自己的团队，成为小伙伴中的Leader，还在项目执行的过程中不断带给家长和老师越来越多的惊喜；李子昂同学为了承担更多的团队工作，提高了学习效率，摘掉了“小磨蹭”的帽子；富奕霖同学最初是一个不爱说话的冷酷小帅哥，而在项目执行中总是用他的聪明才智负责策划，上台说话原本是他最不擅长的，可是通过两次活动后，竟然可以在全校师生面前演讲汇报，自信地展示自我；张景颐同学在活动中初次尝试主持，就获得了大家的认可和鼓励；罗晴同学也为项目付出了很多，无论文笔还是设计工作，她都能精彩完成。

服务学习活动给予孩子们更宽广的视角、更大的舞台，去历练自己、展现自己，使他们有机会走出校门，更深入地了解和融入社会。项目历时6个月，相关的筹办、展示活动数不胜数，孩子们投入了大量心血和精力，也切身感受到把活动方案转化为行动、知行合一的艰难与不易。看着孩子们努力的样子，我仿佛看到了未来他们工作的样子，积极、努力、认真、执著。为了这个公益项目，他们重视每一个细节，在每一个环节上都做了充分的准备。他们共同经历了挫败和失落，锻炼了意志品质，提高了应急处置能力。他们面对困难不再是焦虑和抱怨，而是有了不服输的勇气和顽强的拼搏精神。通过孩子们的团结协作，互相鼓励、互相帮助，“古琴文化伴你行”活动也顺利完成。相信这些成长经历，一定会成为他们铭记终身的难忘经历。

指导教师：孔继英

创想梦工厂——种下一颗公益的种子

（一）创想动因

古琴是中国首批非物质文化遗产。古琴文化在中国璀璨的传统文化中留下了浓墨重彩的一笔。古琴位居传统四艺琴、棋、书、画之首，是历史最悠久的乐器之一，已有4000年历史。1977年美国发射的“旅行者号”宇宙飞船，携带有一张名为“地球之音”的铜质镀金激光唱片，其中唯一代表中国音乐的就是古琴曲《流水》。

项目发起人朱玺霖6岁开始学琴，曾多次在市级、国家级比赛中获奖。2014年10月起，朱玺霖开始担任史家书院“小主讲”，为全校同学介绍古琴文化，通过专题讲座介绍古琴基础知识，欣赏古琴经典名曲，展示制琴材料，教授弹奏技巧。讲座先后讲授6场，听众达到4000余人次。

“古琴文化伴你行”项目希望通过讲座、“快闪”、微信等特色宣传方式，向更多的人介绍古琴文化，让越来越多的人认识并关注古琴文化，领略古典乐器之美，传承中华传统文化。

（二）团队介绍

“古琴文化伴你行”团队情况

发起人及总负责人	朱玺霖	史家小学六（1）班学生，6岁开始学习古琴，连续三年获得北京市东城区艺术节古琴项目一等奖，2016年获得全国“敦煌杯”优秀奖；2014年10月起担任史家书院“小主讲”，进行古琴文化专题讲座，先后讲授6场，听众达到4000余人次；热心公益，多次跟随父母深入阿坝山区捐款捐物

续表

团队伙伴	李子昂	史家小学六（1）班中队长，有较强的组织能力，热爱中华传统文化，负责古琴文化文字宣传和海报设计工作
	罗　晴	史家小学优秀大队干部，区“三好学生”，曾获东城区红领巾奖章；热爱并熟悉民族乐器，古筝达到七级水平，曾多次获奖
	富奕霖	热心公益，思维敏捷，有较强的表达和组织能力；负责现场活动主持、收集相关音乐、音响资料等工作
	张景颐	性格活泼、开朗，善于表达，有较强的组织能力；爱好广泛，具备美术特长
指导教师	孔继英	东城区骨干教师，北京市“紫禁杯”优秀班主任，东城区优秀辅导员；带领学生开展丰富多彩的班队活动，曾获北京市星星火炬奖
专家顾问	邸　宁	古琴文化网 CEO。操缦十余载，琴风儒雅中和。潜心研究中国古琴，力行推广传统丝弦琴制作和演奏。创办古琴文化网、太古正音、北京琴友会等社团机构。在丝弦琴演奏、琴学理论、律学等方面均有所成
	朴云子（魏海波）	著名斫琴师，画家，设计师。2004 年开始斫琴，曾研究转译宋人《碧落子斫琴法》公诸琴界同行，斫琴以宋明文献为依，力遵古制，其间有多家媒体曾报道介绍其斫琴思路与美学探索
	周　通	现任中国民族管弦乐学会古琴专业委员会理事，2012 年被当地评为非物质文化遗产传承人，就职于中国国家画院艺术基金会。多次出访俄罗斯、美国、非洲等地演出，获美国路易斯安那州荣誉市长证书

（三）实施过程

“古琴文化伴你行”活动自 2016 年 12 月开始，至 2017 年 6 月顺利结束，共经历四个阶段。

第一阶段（2016 年 12 月～2017 年 3 月）：活动筹备组织阶段。确立“古琴文化伴你行”提案，参加研讨会议，提出行动方案；积极协调有关部门批准，获取在公共场所开展公益活动的资格，制定安全预案等。

项目组进行活动筹备

第二阶段（2017 年 4 月）：活动宣传阶段。成立宣传团队，明确职责分工，撰写宣传文字，设计调查问卷，制作宣传易拉宝、纪念品等；开通微信公众号，定期推送古琴历史简介、名曲欣赏等内容，及时发布活动通知，跟进报道活动开展情况。

项目组进行活动宣传

第三阶段（2017 年 5 月）：活动实施阶段。组织实施两次古琴知识宣传讲座、“快闪”表演，并定期推荐微信公众号公益活动。每次讲座约 1 小时，主要介绍古琴文化知识，展示古琴制作流程，并邀请观众现场互动，体验古琴弹奏。活动邀请著名斫琴师朴云子、古琴文化网邸宁等现场弹奏经典琴曲《平沙落雁》《梅花三弄》《流水》《广陵散》《幽兰》《捣衣》《搔首问天》等。活动还设置现场提问环节，采取有奖问答的方式，奖励提问者古琴名曲光盘，便于欣赏和再传播。发放、回收、整理、分析调查问卷，了解公众对古琴知识的认知度。

项目组通过各种形式开展活动

第四阶段（2017 年 6 月）：活动总结分享阶段。项目组成员总结两次“快闪”表演的效果和经验，并在校园内及社区展示项目成果与心得。

项目组开展经验分享

学生行动日记——记录公益之花盛开全过程

学生行动日记精选（一）

2017年5月14日　星期日　晴

六（1）中队　李子昂

为了将古琴文化推广给大众，今天我们项目组举办了一次线下雅集活动。半个月前我们就开始筹备这次活动，大家说干就干，选场地，排节目，每一个细节我们都不放过，今天的活动也取得了较好的成效。

今天，最让我印象深刻的是我们的“快闪”活动。一开始，我们手拿传单，但都很害羞，谁也不敢上前找路人宣传。此时，朱玺霖的琴声从背后响起，那清扬悦耳的琴音给我们带来内心的安定。不知谁率先喊了一声：“叔叔您好，请来参加我们的古琴文化活动。”大家分别行动起来：“大爷，请来参加我们的古琴文化活动吧，不收费。”“叔叔，请您来听听我们的古琴曲吧！什么？您没时间？哦，没关系，您可以通过扫码参与我们的活动，为弘扬传统文化出力。”同学们越来越放得开，大胆地向路人做着宣传。参与的人也越来越多。“快闪”活动结束后，我们又快速地投入到古琴文化推广活动中：朱玺霖主讲，我们几个项目核心成员做辅助，拿道具、发奖品，大家配合默契。活动结束后，大家虽然很累，但感觉无比充实！

通过这一次活动，我认识到，要想把活动搞好，就要有步骤、有计划。比如要在行动前确定实施方案，设想会出现的情况，做好准备。这个准备有物品上的，更有精神上的。大家相互鼓励、支持，相互配合，才能让整个活动更好的完成。

学生行动日记精选（二）

2017 年 5 月 25 日 星期四 多云

六（1）中队 富奕霖

通过将近半年多的努力，我们团队顺利举办了两次大型的线下推广活动。我们每位成员都收获了很多。我为能参与这个项目，宣传古琴文化感到荣幸。“古琴文化伴你行”活动既让观众了解到了很多知识，并且我自己也收获满满，我认为这是一次非常美好、有意义的体验。

两次活动相比之下，我对第一次的活动感触更深。因为那次活动是我们团队创立以后的第一次正式的现场宣传活动，所以大家从准备到实施都非常认真。我们提前准备了横幅、海报，以及活动当天发给观众的古琴文化书签。并且准备了活动当天我们需要用的道具。我们项目组成员也在活动前几天认真准备了发言，一切进展都非常顺利。

活动当天，项目发起人朱玺霖早上就布置好了会场，我们也都早早地来到了活动地点——仰玉轩。活动在下午两点半举行，全体成员们一点就到齐了。我们每个人拿着一张“服务学习 · 古琴文化伴你行”的微信二维码，到路边邀请路人扫描我们的二维码，宣传古琴文化推广活动。刚开始我们都有一点不好意思，有点害羞、紧张，但想到我们要召集更多的人加入进来，大家顿时都充满干劲。迈出第一步后，我开始找到宣传对象，并且一步步耐心地介绍我们的活动，这个活动也锻炼了我的沟通能力。

活动开始前半个小时，我们班的几位同学和家长们来到现场当观众，我们也开始进行最后的紧张排练。我克服了自己在台上的紧张，并且没有失误地完成了我负责的部分，我非常高兴。虽然我们的第一次活动现场观众不够多，但是我们成功迈出了古琴文化宣传的第一步。就像人们所说，做任何事都不会一开始就成功，第一次虽然不一定那么完美，但是通过这次，我也总结出了上台的经验，使下一次表现能更加出色。

第二次的活动进展得更加顺利。书院张主任告诉我们，第二次活动的观众们有东四街道志愿者大哥哥大姐姐，还有七条校区做公益的同学们，我们非常高兴，终于可以向更多的人宣传古琴文化了，我也可以为传承中国传统文化尽一份力，于是这次我们排练的时间比第一次还要多。活动前几个星期，张主任就开始在每个课间操的时间来辅导我们，一遍又一遍地让我们试讲、排练。经过张主任的指导，我的表现比起第一次更加自然了，我也更加自信了。

第二次活动最终成功结束，当然这也离不开第一次活动的经验积累。发现问题并且改正它，我们就可以做得越来越好。希望“古琴文化伴你行”这个项目能够越做越好，让更多的人了解并喜欢古琴文化。

学生反思工具——从回望中汲取前行的力量

学生反思精选（一）

提案名称：《古琴文化伴你行》　姓名：李子昂　时间：2017 年 5 月 16 日

发生了什么	有何感受
一开始，我们手拿传单，但都很害羞，谁也不敢上前找路人宣传。后来不知谁率先向第一个路人宣传，在他的号召下，大家分别行动起来，越来越放得开，大胆地向路人做着宣传。	活动开始时真有点紧张，但伙伴们鼓励了我，我不仅发了宣传单，还成功让几位路人扫码加入了活动，真开心！结束后，我们虽然很累，但感觉无比充实！
有哪些主意	**有哪些问题**
比如要在行动前确定实施方案，设想会出现的情况，做好准备。这个准备有物品上的，更有精神上的。大家相互鼓励，相互配合，会让整个活动更好的完成。	我发现了一个小问题：由于我们准备的奖品太多，经常滑出口袋，所以下次要封好口袋再发，避免掉落，造成发放时的忙乱。

教师评语

活动中你发挥了自己善于表达的优势，积极做好活动宣传，为活动顺利开展奠定了基础，在团队中发挥了重要作用！

学生反思精选（二）

提案名称：古琴文化伴你行　姓名：张景颐　时间：2017 年 5 月 20 日	
发生了什么 第一次活动是印象最深的，在活动快开始时，我看到观众席上只有我的同学、老师和几位古琴名家，没有一个其他观众时，从来没有主持过的我更加紧张了。但是，通过“快闪”行动，我们召集到了一些观众，让活动更顺利地开展了。	**有何感受** 这次活动能让我有机会大显身手，主持的非常成功！第一次活动我非常紧张。但是通过我们的努力，最终召集到观众，虽然人数不多，但我们已经很兴奋了。给大家宣传古琴文化，也锻炼了我们与人沟通的能力。我觉得，能够为传承和推广传统文化出力，是非常自豪的。
有哪些主意 在现场采用“快闪”的方式召集了更多的观众。我想我们以后应该多设计些好玩的、有趣的活动来吸引大家的注意。	**有哪些问题** 我认为有的时候团队里会因为一些小事而争吵，有的时候意见也会不同，我觉得大家要相互理解，互相考虑对方的感受，从团队的角度来想就更加完美了。

教师评语

第一次当众主持，你战胜了恐惧，突破了自我，从而更加自信，祝贺你！面对突发情况，积极想办法去面对，团队合作使问题得到解决。为你们的团队点赞！

家长感悟——在公益服务中和孩子一起成长

家长感悟精选（一）

仰望孩子成长的天空

朱玺霖家长

2016年底到2017年的6月，我的儿子朱玺霖和李子昂、张景颐、富奕霖等几位小伙伴共同策划，执行了“古琴文化伴你行”项目，取得了较好的社会反响。

儿子初识古琴，是在他三岁的时候，对着3500年前的古老乐器，他表现出了浓厚的兴趣，居然就一路跌跌撞撞的学下来，嫩嫩的小手无数次的磨破结痂，再磨破再结痂，已经磨出厚厚的老茧，但他的琴艺也渐入佳境。

为了让更多的中国人不再把古琴叫古筝，六（1）中队借助了“益路同行”公益项目的契机，开始积极弘扬古琴文化。孩子们每天都自发地组织讨论活动，商讨各个细节，制作课件，试讲演练，班主任孔老师在语气、手势、站位、台风、措辞等方面一一示范指导。

每次儿子回家都会兴奋地演示给我们看，重复最多的话就是：“今天老师又表扬我了。”对照自己的教育方式，作为家长真是觉得汗颜，我总是打击他，总是对他不满意，总是注重结果不注重过程。看着孩子一天天阳光起来，我也在自省。

自从参加了“古琴文化伴你行”公益项目，我发现儿子彻底变了，各科老师纷纷表扬儿子上课听讲集中了，也能积极回答问题。而且他的作文水平有了很大进步，还在《少儿国学》杂志上发表了文章《我的家乡北京》。值得欣慰的还有，他现在每天练琴不用催了，老师要求练习一个小时，他经常一练就是两三个小时。孩子的古琴老师也惊讶于他的变化，信心百倍的开始带着玺霖挑战难度较大的古琴大曲子《秋塞吟》等，结果常常是成人需要一两月学下来的大曲子，他一周就学下来了。

看到儿子通过这次公益活动锻炼成长为一个积极、阳光、向上、懂得感恩的少年，我倍感欣慰。我自己也从一个强势、暴躁、激进的妈妈，慢慢变成了一个仰望孩子的母亲。我想能从一项公益活动中收获如此之多的感悟，是值得我们家长深刻思考的。

家长感悟精选（二）

静静聆听花开的声音

李子昂家长

说起古琴，作为成年人，我是有所了解的，但说起古琴文化，我知道的就不多了。还记得孩子第一次兴奋地跟我提起要参加“古琴文化伴你行”服务学习活动时，我是并不看好的：几个小学生，能做什么？自己玩玩，高兴一下罢了。但随着活动不断深入开展，我才意识到，这几个小娃娃是要做大事了。

还记得我第一次陪他们去街头发宣传单，几个孩子非常兴奋，他们商量着发给谁、怎么发、说什么，讨论得好不热闹。但真正要上场了，几个孩子还是有些僵硬，我能理解，毕竟第一次，有对陌生人有些怯意、害怕被拒绝的小心理。但是我们家长没有过多的干预，只是耐心等待着。终于孩子们陆续行动起来，面对来往的人流走上前去，面带笑容说着宣传词，局面有所好转。而此时，朱玺霖同学也弹起了古琴，清扬的琴音吸引了路人，孩子们也更有干劲儿了，他们分守路口的几端，大声的宣传，被拒绝了也不会灰心，而是迅速寻找下一位路人。几个小家伙配合默契，不一会儿就完成了任务。

接着，他们又投入到古琴文化推广讲座中，讲解古琴知识，解答大家对于古琴文化的疑问，向前来听讲座的人分发纪念品……看着他们忙碌的身影、自信的目光，我感受到这项活动的意义远不止对古琴文化的推广，更锻炼了孩子们的自主能力，提高了团结协作的意识，促进了他们成长。星星之火可以燎原，希望孩子们的这个项目能继续搞下去，为中华优秀传统文化传承贡献力量。

帮扶对象——公益服务社会，爱心连接你我

帮扶对象感言精选（一）

东四工会霍晓阳

史家小学朱玺霖同学把古琴文化带进了社区，开拓了居民的视野，丰富了知识。古琴艺术带来的视觉冲击、听觉享受和美好感觉，已经深深地印刻在大家的心灵里。我在想：多年以后，这些孩子里也许会出现古琴演奏家，而他们的启蒙就获益于这次活动，毕竟在这花样年华里，看到的、接触的和经历的事情都会在他们的心里埋下希望的种子！

帮扶对象感言精选（二）

史家实验小学学生

史家高部的朱玺霖大哥哥真棒，他的公益项目“古琴文化进社区”让我第一次看到古琴，也听到古琴发出的美妙声音。没想到古琴的历史那么悠久，让我由衷地感叹中国人的聪明才智！通过参加这次活动，我全面地了解了古琴的历史、制作以及丰富的内涵，中国传统文化真是博大精深，特别是听到美国发射的宇宙飞船把唯一的古琴曲《流水》带上了太空，我

为祖国而自豪。这次活动让我喜欢上了古琴，也特别佩服大哥哥，以后我也要尽自己的力量去传播古琴文化。

成果展示——公益，我们一直在路上！

“古琴文化伴你行”活动通过小型讲座、“快闪”等线下推广等方式向学生及社区居民介绍古琴文化，项目组成员还开通了微信公众号，定期发布古琴文化相关知识介绍、名曲欣赏、活动介绍等内容。项目组表现突出，获得了中国扶贫基金会联合颁发的“益路同行·优秀公益创新团队”奖，项目核心成员也获得了“益路同行·小小公益创想家”的称号。

“古琴文化伴你行”项目还受到了搜狐新闻、新华社首都快讯、人民网等多家主流媒体的关注。在项目组的努力下，越来越多的人开始认识古琴、关注古琴，并喜爱上古琴。

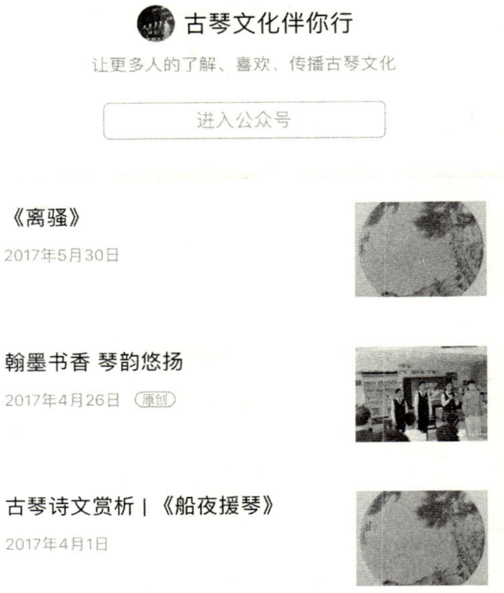

“古琴文化伴你行”微信公众号

搜狐新闻《史家书院举办传统文化“小主讲”系列活动》

人民网发表《史家书院举办传统文化“小主讲”系列活动》

“益路同行”
优秀公益创新团队

北京市东城区史家胡同小学六(1)中队：

你们的公益项目“古琴文化伴你行”（指导教师：孔继英）在“益路同行·公益未来”活动中表现优秀，特授予“优秀公益创新团队”荣誉称号，以资鼓励。

你们的创新公益行动与服务会影响更多人关注公益事业，期待我们共同努力，创造一个更公平、更美好的社会！

中国扶贫基金会
2017年5月31日

中国石油　中国扶贫基金会　wilson

项目获得中国扶贫基金会颁发的“益路同行·优秀公益创新团队”奖

有故事的古树

“有故事的古树”服务学习项目由二（2）中队郭芷青同学发起，二（2）中队全体成员共同参与完成。项目指导教师为史家小学高江丽老师。2016年12月，项目进入起步阶段，历时半年多，于2017年6月落下帷幕。项目通过寻找北京地区有故事的十大古树，挖掘古树背后的历史故事，以号召更多的人关注并保护古树，通过古树故事中进一步了解民族历史。项目吸引了包括学校师生、社区居民、广大游客甚至外国友人的关注，取得了较好的影响力。

指导教师推荐序

一棵古树就是一段历史，一棵有故事的古树就是一种灵动的文化，保护一棵有故事的古树，就是在传承国人自己的精神文化。在服务学习项目提案申请初期，二（2）中队的孩子们自发地组织了项目提案分享会，在会上每个孩子都积极发言，争相展示自己的项目。郭芷青同学展示的“有故事的古树”项目，格外吸引大家的关注。芷青喜欢历史和地理，每次遇到问题都会主动询问家长、查找资料。当她和家人一起外出游玩，每每看到名胜古迹或是公园里的一些古树，想要停下脚步认真研究的时候，却发现这些古树上只是挂着写着“古树”两个字的一个牌子，或是只有一段简单的介绍文字，根本不能满足游客的求知欲。于是，郭芷青想到一个小妙招，给这些有故事的古树制作一个明信片或是书签，详细记录古树背后的历史故事，以便游客在游览的同时了解历史。郭芷青同学的倡议很快得到全体中队成员的认可，大家当即在分享会上确立了项目，组建了以郭芷青同学为项目总负责人，以雷方易、刘雨桓、郑前方、曲家希四位同学为项目核心成员的项目团队，着手开展项目准备工作。

确立了“有故事的古树”公益项目后，项目组核心成员制定了详细的活动计划，并按照步骤有序地完成项目计划。首先是在北京范围内筛选十大古树，集中展开信息搜集，详细查找资料。同时，孩子们还在爸爸妈妈的陪伴下进行了多次实地考察，认真了解古树的生长地、名字由来，考察印证与故事相关的历史人物及故事。经过多次的讨论和头脑风暴，孩子们最终选定帝王树、触奸柏、白袍将军、蟠龙槐、歪脖槐、九龙柏、指南枣树、槐中槐、遮荫侯、二将军这十大古树，并为每一棵树精心编写了古树故事。看着孩子们一起选、读古树故事，看到一篇篇生动有趣、富含历史韵味的古树故事，仿佛孩子们给这些古树灌注了新鲜的血液。孩子们的这些经历，远不是教科书能教会他们的。

如何能够更加全面的宣传“有故事的古树”公益项目呢？孩子们认为最好的方式是实地为游客讲解古树故事。大家热情高涨，主动加入到行动中来，全班同学自主结成 10 个小队，每个小队还推选出了小队长。项目组核心成员积极参与并组织活动，发挥了很好的榜样引领作用。

经过前期对古树资料的查阅了解、熟练诵读古树故事，10 个小队的成员们在小队长的组织带领下，在家长的陪同下前往古树所在的公园实地参观讲解，宣传项目并号召更多的人加入到护树传史的公益活动中来。活动开始前，各小队的孩子们都兴奋不已，纷纷聚在一起商量着如何开展活动，身边的“大朋友们”也被感染着，充满了能量。“帝王树”小队亲眼目睹了古树的苍翠劲拔后，有感而生，把自己的一些观感以对话形式加入到讲解词中；“触奸柏”小队气定神闲，讲起古树故事娓娓道来；“白袍将军”小队成员刚开始有些紧张，憋红了小脸，努力向游客介绍古树故事，游客们得知这是学生的一次公益活动之后，也非常配合，不时地给孩子们鼓励，不一会儿紧张的气氛就有所缓解，游客们的笑声不断传来，孩子们的宣讲也越来越淡定自如；“二将军柏”小队的精彩讲解把白发苍苍的老大爷都吸引过来了；“蟠龙槐”小队为了让更多的游客听到精彩的古树故事，自备话筒流畅讲解，吸引了大量游客驻足关注项目……再看在一旁陪伴的家长们，有的举起相机拍下了孩子们的欢笑瞬间，有的用摄像机记录下了孩子们的宣讲过程，有的把孩子们的活动发到了朋友圈……我想家长们都是在为孩子们自豪吧，自豪他们小小年纪却顺利组织开展了公益活动，能见证孩子们的成长和进步，还有什么比这更值得欣慰的呢？

随着活动的逐步开展，如何扩大项目宣传范围，让更多人了解项目及其意义，从而加入到护树传史的行动中，这也是项目活动的重心之一。为此，孩子们不仅建立了微信公众号，而且还从多方面进行了宣传活动。大家为古树拍摄了照片，编写介绍词，整理了相关的历史故事，经过反复的排版设计、修改调整，最终制作完成一套套古树明信片。孩子们在老师的引领下自发组织起来，在学校周围人流密集的地方，如灯市口地铁站等地分发了精美的古树明信片，让更多过往的行人了解这项公益活动。孩子们还去史家胡同社区居委会宣传介绍“有故事的古树”项目，受到了居委会的欢迎和关注，并在社区宣传栏进行了为期一周的专题展示活动。此外，孩子们还在自己居住的小区、就餐的餐馆积极分发明信片，宣传公益行动。在孩子们的不懈努力下，已经有越来越多的人关注“有故事的古树”项目，也参与到项目的宣传中来。

可喜的是，随着项目的深入开展，孩子们对中国传统文化有了更多的了解和喜爱，也从历史名人身上学到了值得敬仰的品质。在学习一心向南的“指南枣树”古树故事时，孩子们知道了文天祥的著名诗句“人生自古谁无死，留取丹心照汗青”，大家都被文天祥英勇就义的英雄气概和坚定的民族气节深深打动，纷纷表示要利用课余时间继续查找资料，深入了解文天祥的相关事迹。在班级晨诵时间，孩子们集体朗诵文天祥的《过零丁洋》，由于对文天祥的事迹有所了解，所以对他的作品格外感兴趣，学习的兴趣也愈发浓烈。

“有故事的古树”项目已经顺利结束，但它带给孩子们的成长却是无尽的：古树生长地实地参观讲解、高部礼堂诵读表演、社区和地铁口分发明信片等等活动，不仅锻炼了孩子们的胆识，增加了他们的生活体验和认识，而且增强了与人交流的勇气和能力，很多孩子更乐于在公众场所讲话了。就拿孩子们在地铁口分发明信片的活动来说吧，有的孩子说他感受到了路边发放宣传单人的不易，感受到了他们被拒绝时内心的失落，自己以后要尽量接收递到手边的宣传单，即使不方便接收也要说一声谢谢；有的孩子说看到有的人把刚接到手的明信片丢弃在路旁或垃圾桶里，心里难过极了，自己以后一定不会这样做；还有孩子说能与一群对古树项目感兴趣的法国友人交流并合影留念，真是太高兴了；更有孩子说很多人都对保护古树感兴趣，喜悦接纳，心里很是自豪……这次公益项目在孩子们幼小的心田里播种下了服务他人的公益种子，希望孩子们在这次公益活动中积累的生活体验和认知，能够成为他们人生成长的宝贵财富！

指导教师：高江丽

创想梦工厂——种下一颗公益的种子

（一）创想动因

古老的北京城既有丰富的名胜古迹，也有古人给我们留下的众多古树名木。据统计，目前北京有树龄在300年以上的二级保护古树3万多株；树龄在500年以上的一级保护古树5000多株……一株株古树，像一个个“活的文物”，不仅承载着一段段传奇往事，更是古人留给我们的非常珍贵的历史文化遗产，比如景山公园的“歪脖子树”“槐中槐”，北海团城的“白袍将军”等。

古树不仅是历史的见证，其背后的故事更是一种文化的传承。“有故事的古树”项目组希望通过寻找北京地区有故事的十大古树，让更多的人了解古树的历史，呼吁大家热爱并保护古树，在古树故事中进一步了解并热爱祖国的历史文化。

位于北海团城的“遮荫侯”古树

位于景山公园内的“槐中槐”古树

（二）团队介绍

"有故事的古树"团队情况

发起人及总负责人	郭芷青	在班级中担任小队长一职，协助老师维持午间用餐秩序和卫生。喜爱唱京剧、跳舞、主持表演
团队伙伴	郑前方	在班级中担任图书小管家一职，协助老师管理班级图书角。喜爱阅读、表演和棒球运动，是班级表演的主力
	曲家希	在班级中担任小队长一职，协助老师管理班级绿植和教室墙壁环境。喜爱画画、书法、唱京剧、做手工等，连续两次代表班级在学校开办个人画展
	雷方易	在班级中担任中队委学习委员一职，协助老师为同学们营造浓厚的学习氛围，是学校的图书小管家。喜爱唱京剧、跳舞、弹琴、画画、书法、主持等，在学校小讲坛、主持升旗仪式等活动中均有出色表现
	刘雨桓	在班级中担任中队委副中队长一职，协助老师整体协调班级活动及日常管理，为同学们营造勤勉文雅、活泼奋进的班风班纪。喜爱足球、弹琴、科技等，在学校社区讲解社团中有出色表现
指导教师	高江丽	北师大中文系毕业，喜欢古典文学，有着较好的传统文化学习基础
家长支持	苗　苗	郭芷青同学家长，在史家小学从事数学教学工作，在后勤供给、资料搜集整理等方面为项目提供支持
	赵　苓	郑前方同学家长，在北京第五中学分校从事英语教学及管理工作，在故事撰写、展示排练等方面为项目提供支持
	李　倩	曲家希同学家长，阿里巴巴集团高级专家，在视频剪辑整理、微信公众号建设等方面为项目提供支持
	王心竹	雷方易同学家长，中国政法大学人文学院教授，在故事撰写等方面为项目提供支持
	刘红斌	刘雨桓同学家长，中国电子信息产业集团有限公司财务经理，在财务管理、摄影指导等方面为项目提供支持

（三）实施过程

“有故事的古树”服务学习项目历时半年，共分为四个阶段。

第一阶段（2016 年 12 月 ~2017 年 2 月）：项目准备阶段。确立“有故事的古树”服务学习提案，组建项目团队。

项目组准备活动提案

第二阶段（2017 年 2 ~ 3 月）：资料搜集阶段。收集北京十大古树的历史背景资料，通过到北京各大公园现场实地收集古树树龄、历史等资料，丰富完善古树信息。

项目组收集古树资料

十大古树

第三阶段（2017 年 3～4 月）：宣讲阶段。实地去往各大公园，向游客介绍古树背景、名称由来、相关历史人物及事件。制作并发放明信片，同时通过微信公众号，利用网络扩大宣传范围，引起广泛关注，让更多的人了解北京古树的历史，进而呼吁更多的人加入到保护古树的团队中来。

项目组实地介绍宣传古树

第四阶段（2017 年 5 月）：总结阶段。将古树资料、活动过程制作成环保宣传册，形成项目总结性材料，在人流密集的地区发放宣传册，扩大项目影响力。通过撰写古树童谣，总结活动感悟，编排童谣诵读节目，以活泼有趣的形式进行舞台表演，在学校“六一”儿童节向全校师生展示分享项目成果。

项目组展示分享项目成果

学生行动日记——记录公益之花盛开全过程

学生行动日记精选（一）

2017 年 3 月 19 日　星期日　多云

二（2）中队　谭畅

上午 9 点，原本有些冷清的孔庙大成殿外传来阵阵欢声笑语。大成殿外“触奸柏”前，我和全班同学们一起来到古树旁一睹古树的风采，追寻古树背后的历史故事，同时向游客宣传古树。

在参观前，我们已经做了充分的准备工作，查阅了“触奸柏”的相关资料，一起诵读了项目组撰写的古树故事，对古树有了初步的了解。对古树了解得越多，我们越是期待能够亲眼目睹这棵饱经沧桑的古树！同学们初见古树时，一下子被古树的遒劲苍翠吸引住了！

接下来，要为参观的游客现场讲解古树故事，我们的心里都很紧张。但随着仔细阅读古树介绍牌，我对这棵古树的了解更深入了。我想在古树下讲关于古树的故事应该别有一番情趣吧！于是，我紧张的心情慢慢放松下来，带着深深的敬意和爱意，我和小伙伴们开始了宣讲行动！您瞧：李锦轩讲解“触奸柏”的形貌，气定神闲，挥洒自如；何璟介绍栽种者许衡的事迹，沉稳大气，声音洪亮；我说起贪官严嵩的狂妄，声情并茂，讲解流畅；汪欣宜讲述“触奸柏”名称的由来，语气丰富，表情生动。我们精彩的讲解吸引了游人，他们驻足赞赏、微笑、鼓掌、拍照。能参加这次活动，得到游客们的夸奖，能让更多的人了解到古树背后的故事，从而关注古树，我感到非常高兴！

学生行动日记精选（二）

2017 年 4 月 16 日　星期日　阴

二（2）中队　郭芷青

你自己做过明信片吗？我要自豪地告诉你：我做过，并且把它们送给了很多陌生人。

在由我发起的“有故事的古树”活动中，我和同学们一起查找了北京十大古树的故事，把它们的故事介绍给游客。为了让更多的游客、路人了解古树，我们决定自己制作明信片，并在明信片上印制了公众号的二维码。这样只要扫一扫我们的二维码，就可以了解北京十大古树背后的故事。

今天下午，我们全体同学聚集在灯市口地铁站，这里人来人往，正适合我们进行宣传。我们分好小组开始发放明信片。每个同学都很兴奋，因为我们是第一次走出校园发放明信片。我们也感到很骄傲，能让更多的人关注我们护树传史的活动，并加入到我们的行列中，我觉得我们做了一件很了不起的大事。我们的明信片很受欢迎，同学们忙得不亦乐乎。这时有几位外国游客走到我们身边，我们用课上学的英语，慢慢地翻译给他们，让他们知道我们的用意。这些外国游客听了后都伸出大拇指。外国游客很珍惜我们的明信片，并开心地和我们一起合影，我们也感到很开心。大家都觉得能让外国人加入到保护古树的行列中，真是太棒了，如果有更多的外国游客能够通过古树了解我们民族的历史，那我们的活动就更有意义了！

学生行动日记精选（三）

2017 年 4 月 16 日　星期四　阴

二（2）中队　曲家希

我们班的郭芷青同学提出了一个很好的创意，周末她在公园里游玩时了解到很多古树背后都有很好的故事，但是由于没有专人讲解，大家都没有机会了解古树故事。她跟我们讲这些故事时，我们都是第一次听到，都被深深地吸引了，于是，我们全班同学在郭芷青同学的带领下一起进行了护树传史的公益活动。

今天是我们发放明信片的日子。下午，我们一起来到了灯市口地铁站，要把自己设计精心制作的古树故事的明信片发放给很多的人，希望更多的人都加入我们的行列来一起了解和保护这些有故事的古树。

我们分好小组开始行动，由于是第一次发放明信片，心里不免有些紧张。面对来来往往的陌生人，我们原地不动，不知道面对他们怎么说，又怕他们不理我们。有的同学胆子比较大，自信地找到路人，双手递上明信片，大方地告诉他们“这是我们自己制作的明信片，送给您，请您和我们一起爱护这些古树”。我看到同学们都很积极，也大着胆子去给路人介绍、发放明信片。当叔叔阿姨接到我的明信片，耐心听我介绍完之后高兴地和我说谢谢的时候，我内心轻松了很多，而且越来越有信心了。没想到我们的明信片这么受大家欢迎，不一会儿就发放完了。

经过这快乐的一天，我认识到虽然顶着烈日发放明信片很辛苦，而且向这么多人进行介绍，又累又口渴，但是我心里是美滋滋的。因为我的努力让这么多人开始了解古树背后的故事，我感到很骄傲，我感觉自己就像一个小天使，正在传递正能量！

学生反思工具——从回望中汲取前行的力量

学生反思精选（一）

提案名称：有故事的古树　姓名：曲家希　时间：2017 年 6 月 22 日

发生了什么	有何感受
老师带领我们全班同学在街头向路过的行人们发放有故事的古树明信片，宣传古树项目。这是我第一次在街头派发，手里拿着明信片，看着来来往往的行人，我却觉得有点儿不好意思。终于鼓足勇气向一个路过的叔叔递出一张明信片，没想到叔叔很高兴地接过了明信片。慢慢地我没那么紧张了，说话声音也越来越大了，发出去的明信片也越来越多了。看着那些叔叔阿姨们津津有味地看着古树明信片，我觉得特别有成就感。	作为有故事的古树项目核心成员，一开始我对北京城的古树也不是很了解，我们几个同学一起了解项目内容，并在老师和家长的鼓励下，一步一步地将古树项目做起来，从一开始到古树现场讲解；从街头派发明信片，到社区居委会进行古树宣传；从开学典礼项目亮相，到“六一”的古树童谣诵读。我对古树的了解越来越多，对保护古树的热情也越来越高。通过我们的宣传工作，可以让更多的人了解古树，关心古树，并且和我们一起加入到保护古树的队伍中来，那咱们北京城的古树一定能够枝叶繁茂，绿树长荫。
有哪些主意	**有哪些问题**
我觉得我们在向行人派发古树资料的时候，除了古树明信片之外，还可以印制一张古树地图，把北京城的十大古树地址和简介都画在一张图上。这样如果是游客看到这张古树地图，会帮助他们更方便地去参观古树。	有故事的古树项目到这学期末就告一段落了，但保护古树这个任务要一直坚持下去才行。我觉得应该让更多的同学加入这个项目，我们一起来将保护古树的行动坚持下去，这样才能让有故事的古树项目一直延续下去，发挥更大的作用。

教师评语

你积极热情地和同学们参与项目活动，在实践中收获了很多的成长，尤其是对咱们的项目活动提出了更完善的思考，相信这个主意定能带给其他同学更多的启发，感动你的用心！好样的！

学生反思精选（二）

<table>
<tr><td colspan="2">提案名称：有故事的古树　姓名：郑前方　时间：2017 年 6 月 24 日</td></tr>
<tr><td>发生了什么
在“有故事的古树”公益项目中，我学习、参观并宣传了北京的十大古树，收获很多。
首先，我和妈妈上网搜索这些古树的自然信息、地理位置、栽种年代、背后的故事等等。掌握了这些资料，我才和我的同伴们自信地向游人讲解古树的故事。
其次，在街头发送古树明信片，宣传古树的故事过程让我比较难忘。
再次，有故事的古树节目表演也让我印象深刻。</td><td>有何感受
我觉得我在准备古树资料的过程中，学会了如何思考和做好项目的方法。做好任何事情都要做充足的准备。
在街头发送古树明信片的过程，让我感觉挺不容易的。个别人会误解我们，但是更多的人认真倾听并珍藏了古树明信片。其中有一位外国人很热情，我很感动。我终于克服了胆怯，可以勇敢地和陌生人交流。我也领悟到，做任何工作都不容易，都需要付出很多努力。</td></tr>
<tr><td>有哪些主意
如何能让更多的北京居民，让更多的中国人了解并传播古树故事？我建议，可以在项目宣传方面再动动脑筋，比如吸引电视媒体来宣传古树。</td><td>有哪些问题
在古树公益项目的宣传中，发现自己与陌生人的交流能力不够。接下来，我要努力提高自己与陌生人交流的能力。</td></tr>
<tr><td colspan="2">教师评语
善于总结和反思的你，已经用行动在活动中收获了许许多多的成长！的确，正是实践经历让我们能够真正面对自我的优点和不足，并在今后的成长道路上不断完善自我。未来，老师相信你一定会越来越优秀！</td></tr>
</table>

家长感悟——在公益服务中和孩子一起成长

家长感悟精选（一）

成长与给予

郑前方家长

“生命因获取而续存，却因给予而繁盛。We make a living by what we

get, but we make a life by what we give.”这是61岁的徐小平先生在加拿大Saskatchewan大学的毕业典礼上，分享了自己跌宕起伏的人生体验。对于一个8岁的孩子，好像很难谈及他能够给予别人什么或者回馈社会。意想不到的是，“有故事的古树”公益项目却让孩子在给予中得到成长，在体验中感受到快乐。

在这个项目启动后，郑前方同学积极参与：搜索资料，了解古树信息，自信地向游人讲解古树故事，向陌生人介绍古树项目、发送古树明信片，宣传和号召大家爱护古树……我感触最深的是，孩子在这次项目中深刻地感受到了做公益事业带给他的温暖和快乐：很多游人和路人主动蹲下来与他合影，听他讲解古树故事并珍藏古树明信片。经过这些实践，他能勇敢、自信地与别人交流，甚至比以前更体贴和理解家人，思考问题比之前更全面了。我相信这个公益项目对前方同学的未来成长也一定有价值和作用。

作为参与这个公益项目的家长，我很荣幸，而且收获颇多，我也体会到了陪伴孩子成长的喜悦。我在这些活动中看到了孩子的进步，也都能切身感受到公益项目的价值：温暖社会，提升自我。

我愿与孩子一起继续关注并爱护北京城的古树，传承厚重的文化和悠久的历史；继续关注社会的公益项目，给予他人爱心和温暖，在给予中激励自己前行，在给予中繁盛生命！

家长感悟精选（二）

公益传递爱心，实践促进成长

刘雨桓家长

孩子参与的保护古树活动，在高江丽老师的细心指导下，历经半年，圆满结束了。作为家长，我与孩子一起参与到活动当中，深刻体会到了孩子在其中的成长和收获。

首先，孩子熟悉了历史。在没有参加活动之前，孩子只是知道北京的历史久远。通过参与保护古树的活动，特别是认识了解了北京十大古树，才发现每一株古树背后都有一个精彩的故事。“帝王树”的威武、“触奸柏”的正义、“歪脖槐”的凄凉、“指南枣树”的神奇……在活动过程中，这一段段历史和典故被孩子所熟悉、所熟知，古树不再单纯是一个文物，更是一个活生生的历史鉴证，被孩子们认识并牢记。

其次，孩子感受到了责任。孩子参与的这次保护古树的活动，难能可贵的是还与社会实践有机地结合在一起，让孩子们有了参与感、责任感。北京300年以上的古树3万多，500年以上的古树5000多株，而且很多还处在缺少呵护的状态。为了让更多的人参与到保护古树的活动之中，孩子们印刷了精美的明信片，去宣传古树，保护古树。孩子们还到人流集中的地铁站，向路上的行人派发明信片。虽然开始也有被人拒绝的时候，但是孩子并没有放弃，而是继续以饱满的热情完成了宣传活动。

再次，孩子体会到了分享的快乐。随着活动的进行，孩子也逐渐地走出去，面向学校、面向社区去讲解古树，宣传公益。特别是当面对更多的人去讲解的时候，孩子也从最初的紧张，慢慢变得自信愉悦。在家人聚会的时候，孩子特别愿意主动讲解关于古树的历史，还拿出古树明信片一张一张与大家分享。在这个过程中，你能看到孩子眼中的那种光彩，能体会到孩子发自内心的真情和感受。

保护古树看似是一个公益项目，其实更是一段孩子成长的历程。通过参与这个项目，孩子熟悉了历史，感受到了正气，学会了担当，收获到了不一样的成长经历。真心感谢史家小学，感谢服务学习，感谢高江丽老师以及所有参与活动的家长们，相信即使孩子长大了，在回望的时候，这段经历仍然美好而难忘。

帮扶对象——公益服务社会，爱心连接你我

帮扶对象感言精选（一）

王奶奶，退休老人

你们小学生能做这样的活动很了不起。多宣传历史文化，这都是中国人的文明史啊！你们可以在社区里多宣传，我也可以帮助你们。其实为社区或者为大家进行服务，干点事挺好的，能帮助别人，自己也高兴。这个服务学习项目真不错！你看你们还是小学生呢，就能想着为社会做力所能及的事情，史家小学的教育真是好！你们的宣传传播了更多的历史知识，古树的故事也很有意思。我把你们的古树故事明信片收藏起来，回去给我的孙子和孙女也讲讲，让他们也学习和长长知识，向你们学习！

帮扶对象感言精选（二）

李叔叔，工程师

这个古树项目太好了，我虽然生活在北京城，但还真不完全知道十大古树，更不知道古树背后还有这么多历史故事。这些古树历史都这么悠久，枝繁叶茂的，的确应该好好保护和爱护，让更多的人来关注和了解。我个人很喜欢“帝王树”，外观看起来很高大，树干也粗壮，还是乾隆皇帝亲自命名的。旁边的“娘娘树”的由来也很有趣。我真是向小朋友们学习了。中国历史文化悠久，这些古树的历史文化也值得学习和传承。希望你们的“有故事的古树”项目能成功开展，让更多的人来了解和学习北京的十大古树背后的故事！

帮扶对象感言精选（三）

张姐姐，公司会计

真喜欢这张精美的明信片！明信片前面的古树郁郁葱葱，看起来就很有历史的厚重感。这照片是你们自己拍的？真棒！明信片背面设计得也挺好！原来古树的故事就在明信片背面，还能通过二维码了解更详细的故事，你们真有创意！每棵古树都有自己独特的故事和历史，值得我们去关注和保护，我非常喜欢你们做的这个活动，让我长见识了，也学习了历史文化知识。咱们一起宣传有故事的古树，爱护古树！

帮扶对象感言精选（四）

关哥哥，大学生

你们的公益项目“有故事的古树”很有意义，这些古树是咱们民族、咱们城市的重要历史文化。这些古树非常古老，有一定的生物和文物价值。通过你们的讲解，我增长了对古树知识的了解，我也会把这些故事和保护古树的理念传播给我身边的人。你们学校组织的服务学习活动真好，也特别锻炼你们自己啊！你们自己的这些经历对以后都会有很大的帮助。我也曾是一名志愿者，我自己就在志愿活动中慢慢学会了与人交流，学会怎样更好地解决问题。你们也是这样吗？咱们生活中挺需要为大家付出的人，希望你们的项目一切顺利！让更多的人保护古树！也希望你们一直持续做公益项目的志愿者，提高社会文化和市民的素质！加油！

帮扶对象感言精选（五）

林阿姨，医院护士

我女儿今年 6 岁，她非常专注地听你们讲述古树的故事。你们的古树故事讲得太好了，完全吸引了她！看来你们做了很充足的准备。保护古树，人人有责，我之前对古树关注的很少，今天听了你们对古树的介绍和古树背后的故事，我也会带女儿去参观你们说的十大古树，感受一下古树的魅力和古树的灵性！希望我的女儿也能像你们一样，为城市发展做点自己能做的事情！

成果展示——公益，我们一直在路上！

“有故事的古树”项目自开展以来，在学校内组织了多次宣传，逐渐带动整个年级、学校，甚至东城区很多中小学的同学都来关注古树。项目得到公园、园林等相关管理部门的支持，项目组走进公园、走上街头向游客和行人宣讲古树的故事，群策群力共同编写了脍炙人口的古树童谣，并精心制作了古树系列明信片，通过微信公众号、发放明信片、制作宣传视频等多种手段，引发更广泛的社会关注，呼吁大家关注古树、保护古树。经过评比，项目获得了由中国扶贫基金会颁发的“益路同行·优秀公益创新团队”奖。

项目组编写的古树童谣

益路同行——“有故事的古树”

益路同行公益路，史家小学纷加入。
阳光二班护古树，传承历史有益处。
帝王树、触奸柏、白袍将军、蟠龙槐，
歪脖槐、九龙柏、指南枣树、槐中槐，
遮荫侯、二将军，千年古树诉衷怀。
小朋友，动动手，查阅资料记心头。
古树由我来介绍，争当公益小导游。

帝王树

潭柘寺里银杏黄，枝叶茂盛种于唐。
皇帝即位新枝长，乾隆封它为帝王。
史家少年来宣讲，公益之心分外强。

白袍将军

北海团城栝子松，白干绿冠郁葱葱。
生于金代经年远，长在今朝见威风。
皇帝执笔御名起，总理挥毫绕路行。
敢问白袍将军今安在，试看中华少年强国兴。

遮荫侯

承光殿东遮阴侯，绿荫如盖团城头。
本是寻常一株松，乾隆赐封为贵胄。
梦中忽闻儿童语，才识史家小朋友。
学习古树为他人，护树种子心中留。

触奸柏

大成殿前一巨柏，苍翠挺拔近千载。
狂妄严嵩树旁过，纱帽飞落失气派。
辩忠识奸八百年，千秋故事传万代。

歪脖槐

观妙亭东歪脖槐，见证明朝之兴衰。
铁链锁身代其过，命运坎坷难多载。
古槐树下学历史，以古鉴今繁荣在。

二将军柏

景山脚下立双柏，黛色参天好风采。
将军骑射展雄姿，古柏比肩迎客来。

少年寻踪识古意，赤子忠心传一脉。

蟠龙槐

御花园里蟠龙槐，形似飞龙帝王爱。

小枝弯曲如虬爪，粗干腾空似龙在，

史小同学来宣讲，保护古树传万代。

九龙柏

皇穹宇旁响奇音，树干蜿蜒盘九龙。

皇帝天坛来祈雨，九龙腾空解旱情。

传奇故事千年诵，史家学子来传承。

指南枣树

檐上新绿满枝头，风清鸟鸣声啾啾。

少年学生寻古迹，指南枣前国学修。

忠烈正气长永久，一片丹心共所求。

少年应知文公意，拳拳报国誓不休。

槐中槐

观德殿西槐中槐，千年历史自唐栽，

胸怀小树展昂扬，生生不息成奇材。

古有殿中传习射，今有树下少年来，

神采奕奕声声诵，传承文化添风采。

千年绿荫护后人，长留中华不朽根。

古往今来真豪杰，精神永驻犹树存。

自古少年多壮志，牢记历史立正气。

华夏五千文明史，薪火相传永铭记。

公益种子在心间，古树故事谱新篇。

“有故事的故事”微信公众号

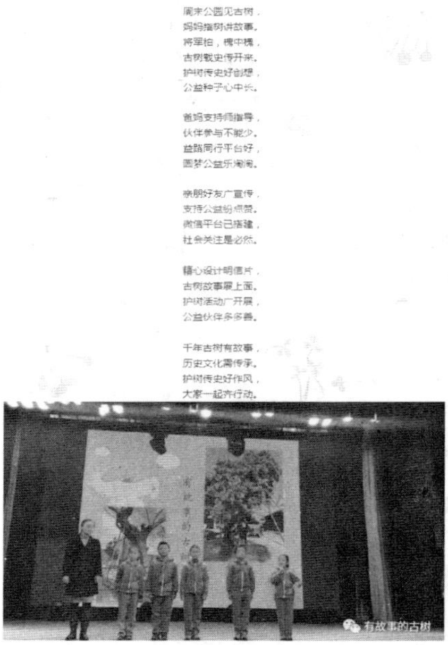

“有故事的古树”微信公众号发布学生自创童谣

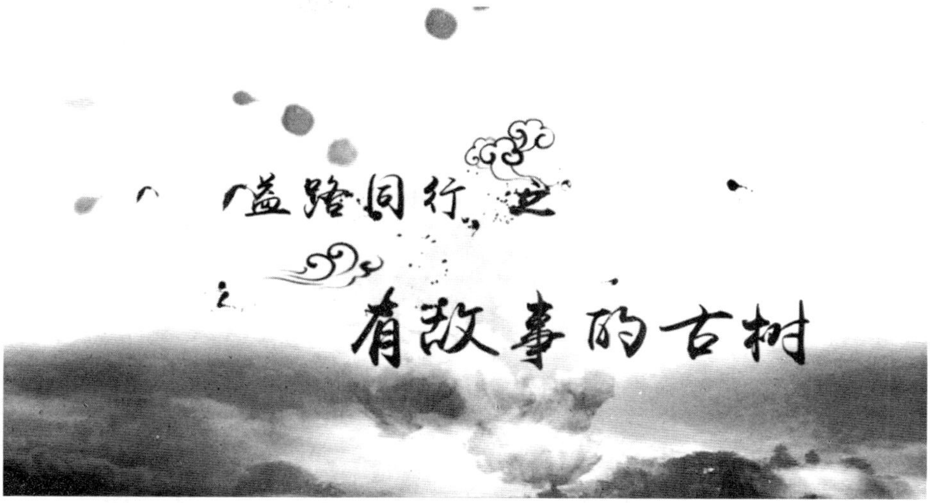

“有故事的古树”项目宣传视频截图

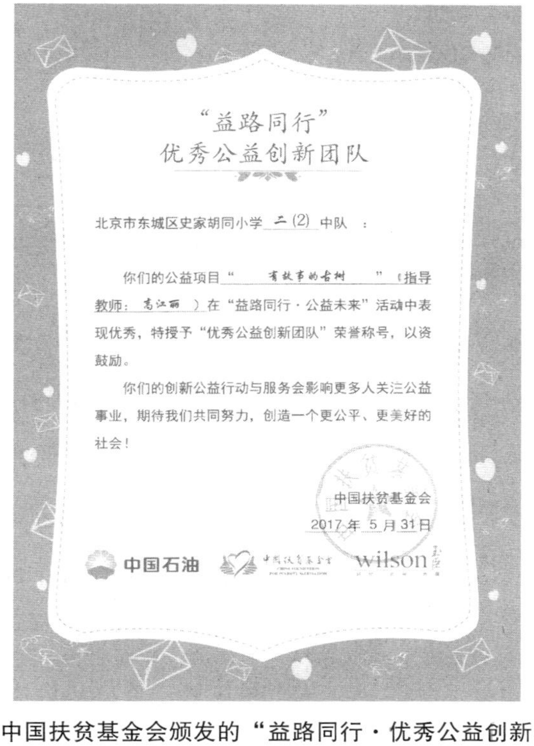
“益路同行”
优秀公益创新团队

北京市东城区史家胡同小学 二(2) 中队：

你们的公益项目“有故事的古树”（指导教师：高江丽）在“益路同行·公益未来”活动中表现优秀，特授予“优秀公益创新团队”荣誉称号，以资鼓励。

你们的创新公益行动与服务会影响更多人关注公益事业，期待我们共同努力，创造一个更公平、更美好的社会！

中国扶贫基金会
2017 年 5 月 31 日

中国石油 wilson

项目获得中国扶贫基金会颁发的“益路同行·优秀公益创新团队”奖

争做文明旅游小达人

“争做文明旅游小达人”服务学习项目由史家小学五（10）中队佟画同学发起，五（10）中队全体成员共同参与完成。项目指导教师为史家小学刘迎老师。“争做文明旅游小达人”项目通过发放文明旅游宣传手册的方式，向出境旅游的游客介绍基本的国际礼仪，树立文明出行的意识。项目自2016年12月进入准备阶段，历经半年，于2017年6月圆满完成。自项目成立以来，受到史家小学校领导及社会各界人士的关注，项目组的行动也受到出境游客们的热烈赞赏，起到积极的社会效应。

指导教师推荐序

自接到学校发布的服务学习项目征集通知，我就积极响应学校号召，希望五（10）中队学生能够参与其中。公益行动能够提升学生的自主意识，增强团队协作能力，锻炼实践能力，经过公益活动的洗礼，相信孩子们一定能快速成长。于是我在班上召开了项目提案动员大会，鼓励学生们发表自己的见解。经过一周的时间，孩子们已经做好了充分的准备。有的准备了好几页发言稿，有的展示了精美的PPT……其中，佟画同学的“争做文明旅游小达人”的项目提案受到五（10）中队全体成员的关注。佟画经常在寒暑假期间跟着家长到世界各地旅游，领略异国风光、人情，她在旅途中发现有很多中国游客在旅行中存在一些不文明的行为，越来越多的媒体也在关注中国游客在国外的奇葩事件。佟画特别想做点什么来改变这一现象。她记起每次出国前，爸爸妈妈都会给她讲一些文明礼仪方面的注意事项。每次海外游学的同学们回校也会跟大家分享旅行的文明规范和小贴士。她想如果将这些文明礼仪整理出来制作成文明旅游宣传手册，发放给出境的游客们，让他们了解基本的国际礼仪，也许就能对这种不文明旅行的现状做出一些改变。随着社会的发展，出境旅游越来越频繁，文明旅游的呼声也越来越高。在听完佟画的提议后，同学们反应热烈，大家一致认为，佟画同学的提案直击社会热点问题，新颖有创意。

在得到全体中队成员的认可后，佟画同学立即着手组建合作伙伴，随即项目组便展开了工作。首先，项目组积极查找资料，初步确定了不文明旅游的现象，比如随地乱扔垃圾，随地吐痰；无视禁烟标志想吸就吸，污染公共环境；乘坐公共交通工具时争抢、拥挤，购物、参观时插队加塞，排队等候时会越黄线等；在飞机、餐厅、宾馆、景点等公共场合高声接打电话，呼朋唤友，猜拳行令等；在教堂、寺庙等宗教场所嬉戏玩耍，不尊重当地民俗风气……项目组成员以不文明现象为切入点，编写了文明童谣，以通俗活泼的语言展示文明风范。看到孩子们准备得如此充分，同时能够有理有据地引用媒体报道资料，作为班主任，我倍感欣慰。

孩子们还提议宣传文明旅游的方式必须新颖，这样才会吸引人们关注文明旅游。周伊晗同学想出可以将手册做成口袋书大小，这样既方便随身携带，又能增加阅读的频次。佟画同学还提出可以用在传媒课上学过的四格漫画来配图，通过生动形象的漫画来展示不文明旅游的现象。孩子们一听用课上学到的知识就能为项目贡献自己的力量，瞬间被点燃了热情，热情满满地决定要自己绘制漫画。看着一幅幅生动有趣的漫画，我仿佛看到了一颗颗真挚的童心，作为他们的老师，我既感动于孩子们的用心，又为他们能够将所学的知识运用到实际生活中而感动高兴，而这些都是服务学习带给他们的。

时间一点点过去，“争当文明旅游小达人”公益项目也进入现场考察阶段。经过一番激烈的讨论，孩子们最终决定将宣传点设在首都国际机场，他们认为机场出国人群集中，对象明确，能大大增加项目宣传的效率。到达机场后，孩子们鼓起勇气向问讯处的工作人员询问需要与哪个部门联系派发宣传手册的事宜，但是却没有得到确切答案，狠狠地吃了一记“闭门羹”。其实在来机场之前，我和家长志愿者已经向机场简单问询过，并得到了机场相关部门的许可。但我们还是决定让孩子们经历真实的体验，不为他们创设虚假的情境。孩子们有些沮丧，站在角落里踌躇不前。这时，作为总负责人的佟画明显沉不住气了，她站出来对大家说：“伙伴们，我们遇到了困难就要解决困难，而不是躲在一旁！”听完佟画的发言，孩子们也开始活跃起来，慢慢地从沮丧的情绪中逐渐走了出来，开始积极讨论解决问题的对策。这时，王翎衣同学又提议说：“我们可以再到那个姐姐那里去要一下咨询部门的电话号码！”孩子们又跑去向咨询处的工作人员表达了请求，工作人员非常配合的提供了咨询部的电话号码。孩子们拿着写着电话号码的便签，脸上挂满了胜利的微笑。孩子们立刻拨打了咨询电话，向工作人员道明原委。几经周折后，孩子们终于等到了机场咨询部门传来的消息：可以在机场派发宣传手册了！孩子们别提有多兴奋了，一个个高兴得手舞足蹈起来。这次机场的特殊经历，让孩子们在面对困难时，不再是胆怯和抱怨，而是充满勇气和信心地去解决问题。从 0 到 1，对孩子们来说，这是一次飞跃。几经周折后，我们终于可以在机场派发我们亲手制作的宣传手册了，我们还通过家长联系了一家海外留学的教育机构，并针对他们每年组织出国游学的1000多名学生有秩序地派发我们的宣传手册。看着一本本自己亲手制作的宣传手册被派发出去，一种神圣的使命感也油然而生。

项目开展的半年多以来，我亲眼目睹了服务学习在孩子们身上发生的神奇变化：他们完成了一项艰巨的挑战，身上多了一份责任与使命；他们在表达、沟通、合作方面有了长足的进步。孩子们还计划将文明旅游手册发放给全校的小伙伴们，相信在我们的推动下无论是学校组织的夏令营、冬令营，还是跟随家长外出旅行，史家的同学们一定能够做到文明出行，树立榜样，带动身边的人养成文明旅游的良好习惯。

指导教师：刘　迎

创想梦工厂——种下一颗公益的种子

（一）创想动因

随着国民生活水平的提高、消费能力的提升，出境游逐渐成为中国人旅游的热门选择。越来越多的家长选择在寒暑假带孩子到世界各地旅游，欣赏当地的自然风光，品尝当地的美食，领略不同的民俗风情，希望孩子能从小做到“读万卷书，行万里路”。然而总有一些不文明的人和一些不文明的事，给旅行留下不美好的记忆。如何让所有的中国游客都变成受世界欢迎的游客，让所有的旅途都变成美好的回忆？五（10）中队提出“争做文明旅游小达人”项目，希望采取发放文明旅游宣传手册的方式，发出呼吁，引导出境游的学生做文明旅游的小使者，抵制出国旅游中的不文明行为，督促家长和身边的游客纠正出国旅游的不文明言行，做一名受欢迎受尊重的高素质中国游客。

（二）团队介绍

"争做文明旅游小达人"团队情况

发起人及总负责人	佟 画	五（10）中队中队长，活泼开朗，热情大方，乐于助人，有较强的沟通、领导和执行能力
团队伙伴	王翎衣	绘画功底深厚，喜欢编剧，负责制作宣传手册
	苏好妍	绘画功底深厚，有丰富的国内外旅游经验，辅助制作宣传手册
	周伊晗	英语流利，负责制作、派发宣传手册及对外沟通
	殷若宸	擅长摄影摄像、电脑操作，负责影音资料的收集、留存等工作
指导教师	刘 迎	从事儿童教育多年，有着丰富的教学经验，善于引导学生在社会活动中开动脑筋，思考问题，学习社会知识；善于调动所有同学的积极性，在同学中具有极强的号召力和威信
家长支持	佟 武	佟画父亲，从事旅游行业 22 年，曾参与 2008 年奥运会的赞助商贵宾接待，大型汽车企业千人经销商年会接待组织安排工作，在会议、会展、奖励旅游、出境旅游方面属于资深人士，具有丰富的专业知识和较强的执行能力
	陈 雪	佟画母亲，从事海外游学、海外教育交流行业 16 年，每年组织安排近千名国内中小学生前往欧美国家交流、在国际语言交流、中外文化对比、出境文明礼仪礼貌方面有着丰富的经验

（三）实施过程

"争做文明旅游小达人"项目共分为四个阶段。

第一阶段（2016 年 12 月 ~2017 年 3 月）：筹划准备阶段。推选项目合作伙伴，制定项目实施计划，制作宣传手册。项目组核心成员开会讨论，选取文明旅游小知识、童谣等资料，确定设计主题，手工绘制宣传小漫画，联系印刷工厂印制手册。

项目组进行筹划准备

第二阶段（2017 年 4 月）：机场考察阶段。项目组核心成员前往首都国际机场，与机场相关部门沟通协调，考查机场出入口布局，选定派发宣传手册的合理地点。

项目组到首都机场考查调研

第三阶段（2017 年 5 月）：机场宣传阶段。利用周末假期，项目组核心成员在首都国际机场及机场快轨车站散发宣传手册。目标人群为计划出境旅游的中小学学生及家长。通过以中小学生影响家长的方式，提高出境旅游群体文明水平。

项目组向机场旅客宣传文明出游知识

第四阶段（2017 年 6 月）：总结分享阶段。反思活动过程中出现的问题，及时总结经验。参加史家小学“六一”儿童节汇演，向全校师生分享项目成果。

项目组开展项目成果分享

学生行动日记——记录公益之花盛开全过程

学生行动日记精选（一）

2017 年 4 月 14 日　星期五　多云

五（10）中队　王翎衣

今天是“争做文明旅游小达人”小组第五次开会，我早早来到佟画爸爸的办公室，手里拿着“新鲜出炉”的画作——这是要插进小册子里的图。这几天我们公益小组的成员忙得不可开交，每天都在下课和放学后的空余时间画图，查找有关文明旅游的资料，以便这次开会的时候可以派上用场。

大家都来了以后，我们把大家画的漫画都放进打印机里进行扫描，再把我们的资料输入电脑里，然后开始排版。这个时候出现了很多争议：有的小伙伴说主要放资料，因为这才是最主要的，应该把它凸显出来；有的小伙伴说图才是主要的，不然我们画那些图干什么，就是要让大家看的时候不要只看干巴巴的字嘛……经过大家的充分讨论，最后我们统一了意见——主要放图。我还提议把手册做得小一点，像一本口袋书，因为我们主要的派发对象是学生，他们手比较小。另外，设计得小点便于携带，大家都很赞同我的想法，都夸我考虑得很周到，我心里也乐开了花。

最后，我们还把小册子中的字体改为可爱的糖果字体，在封面加上了史家小学的校徽，这样就能让大家知道这是我们史家小学的学生制作的宣传手册了！我们选用了特殊材料打印纸，第一本小册子在瞩目睽睽之下终于“出炉”了！看着这本小册子，我们团队成员的心里都无比兴奋、无比自豪。我们一定要好好收藏这本小册子，这可是我们努力付出的见证！

学生行动日记精选（二）

2017 年 5 月 12 日 星期五 晴

五（10）中队 佟画

昨天，我们“争做文明旅游小达人”项目组来到了首都国际机场，向出境的游客们派发我们的文明旅游手册。

因为是周六，又加上晚高峰，在去机场的路上我们遇到了堵车。大家坐在车里心急如焚，生怕错过派发宣传手册的最佳时间。终于来到机场，我们也顾不上劳累，抓紧时间布置起来。我给小伙伴们分发了宣传手册，大家也都按照原定计划开始向游客们派发手册。游客们接到手册，看到我们亲手绘制的小漫画，一个个都向我们竖起大拇指，夸奖我们虽然小但是很有公益心肠。给我印象最深的是，在机场我们正好碰到了一个学生团队。我们项目组特别兴奋，这不正是我们要找的人嘛！不容多想，我们几个就赶紧跑到他们跟前，大家没有怯场，都很勇敢、大方地向他们询问。经过沟通，我们得知这些学生是石家庄外国语学校的同学，这次是准备出国游学的，而且我们还是同龄人呢！我向他们介绍了“争做文明旅游小达人”项目，他们很认真地听，微笑地看着我，我总算说完了整个开场白，大大地出了一口气。听了我们的项目，石家庄外国语学校的同学们都表示在接下来的游学过程中，一定严格要求自己，使用文明用语，做一个文明旅游小达人。

送走石家庄外国语学校的同学们，我们项目组又一起把宣传手册派发完毕，圆满地完成了任务，我和小伙伴们都很高兴。我想服务学习不但帮助了他人，更是锻炼了我们。我们从一开始说话模模糊糊到现在的落落大方，大家都是改进了不少！我特别感谢学校组织的服务学习活动，在今年的寒假和暑假我和我的小伙伴儿还会继续在机场派发我们的宣传手册！

学生行动日记精选（三）

2017 年 6 月 1 日　星期四　晴

五（10）中队　苏予妍

今年的“六一”儿童节格外的与众不同，学校举行了服务学习公益项目的实践结果发表会和颁奖仪式。

在汇报演出前，一想到我们要在全校同学面前进行展示，小组里的同学都非常兴奋，还有点紧张。一开始，大家总是记不住演说词，要不中间笑场，要不表情僵硬，而且声音特别小，缺少感情。临近“六一”的这几天里，我们几乎每一天都要抽时间来排练，每个人都生怕在展示的时候拖大家的后腿。经过几周刻苦的排练，我们可以顺利地背下演讲词了，并且感情充沛，和音乐配合得天衣无缝。

转眼间“六一”就到了，公益项目的结果发表会和颁奖仪式在学校礼堂如期举行。轮到我们小组上场了，我的心紧张得扑通扑通乱跳。佟画第一个开始讲话，她微笑着有感情地朗诵着演讲稿，她的出色表现给我带来了信心，紧张的心情慢慢平复下来。接下来该我说话了，随着背景音乐响起，我也感情充沛、声音洪亮的把台词朗诵了下来，得到了大家一致的赞赏。我们团队每个人都发挥出了最佳的状态，圆满完成了这次介绍的任务。

当我从老师手中接过获奖证书时，我的心情久久不能平静，所有的付出都是值得的，我为我们的团队感到骄傲和自豪！

学生反思工具——从回望中汲取前行的力量

学生反思精选（一）

提案名称：争做文明旅游小达人　姓名：周伊晗　时间：2017 年 5 月 8 日	
发生了什么	**有何感受**
我们项目组利用周六周日的休息时间，查看报纸、杂志，上网搜索关于文明旅游的信息，作为宣传内容。但我们想宣传内容只有干巴巴的文字，没有多少人会有兴趣读完，所以就想用绘画的方式将中国游客的种种不文明现象画出来，展现给读者，加深读者的印象。然后我们利用在学校学到的电脑排版知识，设计了宣传手册，印刷、打印、装订，最终制作出了这本精美的小册子。	在这次公益活动中，我学会了在遇到困难时不要退缩，要迎难而上。还学会了团队协作能力，收获了友情。最重要的是，我们不仅自己做到了文明旅游，同时也影响到了身边的人。我们不会辜负同学和老师对我们的期望，我相信我们会将文明旅游公益项目越做越好。感谢学校给我们提供的宝贵机会。感谢老师对我们提供的帮助。感谢家长对我们的支持，我们会一直努力下去的。让我们一起争做文明旅游小达人！
有哪些主意	**有哪些问题**
宣传手册中的图画还不是很多，我发现接受我们宣传手册的人，往往看到图画时就会开心的微笑，看到文字时就匆匆略过，还是图画更受欢迎。再做新版手册时一定要加大图画的数量。	感觉在机场只派发一本手册太简单，也不好判断有没有效果，最好准备一些小礼品有奖问答，这样接受宣传的人也会认真一些。
教师评语	
在活动过程中你发挥了较强的组织、领导能力，遇到问题没有退缩，而是想办法积极应对，看到你们的成长，老师非常欣慰，相信你们的项目会越来越精彩！	

学生反思精选（二）

提案名称：争做文明旅游小达人　姓名：殷若宸　时间：2017 年 5 月 10 日

发生了什么	有何感受
我们在机场派发宣传手册时进行了分工：佟画、苏予妍准备宣传时的主要内容，王玲衣、周依晗准备采访时的问题，我主要负责整个团队的影像记录。我打开相机，调到自动挡，给小组成员拍摄了几张我们的工作照。我又为之后的采访进行点位选择、构图，在这个过程中，我发现从上往下拍比水平拍摄更能显现出宣讲时的严肃感，而水平拍摄更显轻松。	这次公益活动不但让我们明白了何为文明旅游，也让我们在今后的学习生活中能更好地做一个文明的史家人，更能为史家小学增光添彩。
有哪些主意	**有哪些问题**
现在看起来，我们的宣传手册内容还可以更加丰富一些，加上各国风俗习惯、宗教信仰的常识介绍会更好一些。	在现场拍摄时因为周围的人很多，有些混乱。今后在组织派发手册的活动时，可以先找人少的地方集合派发，这样效果会好些。
教师评语	
你和小伙伴积极参加此次活动，为之付出努力。看到你们的能力不断提升，老师也为你们的努力高兴！	

家长感悟——在公益服务中和孩子一起成长

家长感悟精选（一）

公益·成长

佟画家长

佟画在史家小学的倡导下，积极投身到服务学习公益活动中，这是她第一次参加社会公益活动，感受颇多，收获很大。

首先，项目对孩子的社会责任感是一次很好的锻炼。以前，社会公益活动显得离我们很远，感觉遥不可及。这次通过“争做文明旅游小达人”社会公益活动，佟画从头到尾全程组织了“益路同行”社会公益活动，深刻感受到社会公益事业离我们并不遥远，就在我们身边，感受到通过我们自身的努力，改变身边点点滴滴的不尽如人意之处，就能对社会有所贡献。

其次，孩子们通过自己上网查资料，了解了中国公民在国外的种种不文明行为，对于哪些行为准则是作为文明旅游者必须要遵守的、哪些行为是不文明的，必须要有自己的判断。佟画学会了用自己的头脑思考，用自己的眼睛去观察，有了是非对错的正确判断。

最后，佟画还在这次服务学习项目中收获了自信，她能够自信地组织小组成员分工配合，自信地站在很多人面前大声宣讲文明旅游。看到孩子的进步，我由衷感到欣慰。

家长感悟精选（二）

小小公益促成长

王翎衣家长

王翎衣刚刚参加服务学习公益活动的时候，说实话我还是有些担心的，因为翎衣个性比较强，不善于与小伙伴沟通和相互妥协，我担心她在和小伙伴们的讨论中过于坚持自己的意见和想法，不会变通。但是出乎我的意料，王翎衣在整个社会公益活动中，表现出了成长和进步，能够接纳小伙伴的意见，愿意考虑别人想法的合理之处，在小伙伴们意见不一致的时候能够积极主动地想其他方案，相互协商，相互取长补短。

王翎衣在这次服务学习活动中还有一个很大的收获，那就是做事的耐力和韧性有很大的进步。整个活动持续了 6 个月，每个周末，王翎衣都积极参加小组活动，没有一次缺席，也从来没有因为疲惫产生放弃的念头。在手册绘画环节，王翎衣因为画画好，小伙伴们给她分了比较多的绘画任务，她也没有牢骚和不满，而是仔细认真地完成。我真心为王翎衣的成长感到自豪！

家长感悟精选（三）

放手让孩子自由成长

殷若宸家长

殷若宸是这次“争做文明旅游小达人”公益活动小组中唯一的男孩子，有些“粗线条”，但在几次活动中，我欣喜地发现殷若宸长大了，懂得了关心他人，能够设身处地地为他人着想，积极主动的帮助小伙伴们，真有点小男子汉的气概了。在机场派发宣传手册的时候，看到公益活动小组的同伴都是力气比较小的女孩子，殷若宸就主动地把搬运资料、宣传道具的力气活承包了。这次公益活动还使殷若宸认识了社会，认识了公益，对自己有了正确的认识。殷若宸在制作宣传手册的时候，知道自己的绘画水平不高，就积极包揽了派发现场图像视频记录的工作，认真准备，反复练习。

这次社会公益活动对我们家长也是一次有意义的教育，孩子们已经长大了，可以尝试着让他们接触社会了，不能再把他们像温室的花朵一样呵护了。孩子们自身的学习能力、对社会的适应能力往往超过我们的想象。积极地参与社会公益活动就是了解社会的重要通道。

家长感悟精选（四）

见证孩子的每一个进步

周伊晗家长

周伊晗因为个子小，一直缺乏自信和勇气。在这次的公益活动中，我感觉孩子有了很大的进步，表现在孩子愿意积极主动地参与活动小组的各项准备工作，遇到问题也不是退缩回去让家长去解决，而是和小伙伴们一起开动脑筋，积极想办法去解决。

最明显的例子就是她和小伙伴们到机场问讯处询问派发宣传手册的管理规定，听说经过很多周折，被拒绝了很多次，走了很多弯路。要是以前周伊晗恐怕早就放弃不干了。出人意料的是，这次她没有认输，没有轻言放弃，而是和小伙伴们还有家长们一起想办法，朝着设定的目标坚定地一步一步前进，最终完成了任务。周伊晗跟我说，一开始她都要绝望了，感觉小孩子在成人的世界注定是受尽挫折的。但是，这群小伙伴互相鼓励，愈挫愈勇，勇于挑战各种不可能，即使失败了也不气馁，大家在一起商量，各抒己见，最终克服了一个又一个难题，终于完成了这看似不可能完成的任务。

帮扶对象——公益服务社会，爱心连接你我

帮扶对象感言精选（一）

白莹（石家庄外国语学校海外游学带队老师）

这次我们组织学校五年级和六年级的优秀同学到英国游学，在以往的游学项目中，让我们这些带队老师最头疼的就是孩子们到了国外，没有了家长的教育和管束，自身年纪又小，自控能力和辨别是非的能力有限，很容易放松在文明礼貌方面对自己的要求，做出让外国人不喜欢不受欢迎的举止和行为，一直也没有什么好的解决办法。正好这次北京史家小学的同学们以图文并茂的形式总结了中国人在海外旅游时的种种不文明举动，小手册又方便随身携带，能够时刻提醒同学们文明出游，这是很及时、很有必要的。

帮扶对象感言精选（二）

李莉（石家庄外国语学校海外游学带队老师）

在机场等候办理登机手续时，北京史家小学的同学们来宣传文明旅游，孩子们的精神面貌非常好，落落大方，举止合体，深刻感受到北京史家小学严谨的学风，这么小的年纪就积极投身社会公益事业。同学们宣传的是时下最受关注和诟病的国人出国旅游的文明礼貌，很有现实意义和时效性。

帮扶对象感言精选（三）

杨昊然（石家庄外国语学校五年级学生）

刚开始见到北京史家小学的同学们在机场宣传出国文明旅游时感觉没有必要，因为我们在出发前老师都反复强调在国外要讲文明、守秩序，我想我们应该是没有问题。在接到他们发的宣传手册时我眼前一亮，里面的插图一看就是同学们自己手绘的，每张风格都不一样，但都很有趣，一定是花了很多时间和精力想出来的。宣传手册中有很多中国人在出国旅游时的不文明行为，都是真事，读着也不枯燥，挺好的。

帮扶对象感言精选（四）

段羽柔（石家庄外国语学校五年级学生）

北京史家小学的同学在机场宣传文明旅游时现场采访了我，问我对文明旅游的理解，我开始没有什么概念，听了他们的宣讲，看了他们制作的宣传手册，我明白了每年我们中国有很多人出国旅游，因为不注意文明礼貌，让外国人反感，把一个好好的出国旅游变成一次不愉快的记忆。看到同学们制作的宣传手册，我感觉还是有必要加强宣传的，最起码从我做起，做一名受欢迎的中国游客。

帮扶对象感言精选（五）

赵子涵（石家庄外国语学校六年级学生）

每年我都会和家长一起到海外旅游，每年去的地方也都不一样，一直以来也没有把文明旅游太当回事，感觉离自己挺远的。这次在北京机场，史家小学的同龄人来宣传文明旅游，我才意识到在国外，每个中国人都代表着中国，我们的一举一动都关乎国家的形象，我要做一名受欢迎的中国游客。这次出国游学，我会时刻注意文明礼貌，决不给家人丢脸，不给学校丢脸，不给国家丢脸。

成果展示——公益，我们一直在路上！

“争做文明旅游小达人”服务学习项目自立项以来，受到学校领导、首都国际机场相关部门的大力支持与鼓励，项目组核心成员设计制作的宣传手册得到出境游客的大力赞赏。项目表现突出，最终获得了由中国扶贫基金会颁发的“益路同行·优秀公益创新团队”奖。

史家小学
Shijia Primary School
益路同行
中国石油
文
明
旅
游
厉害了！文明旅游小达人

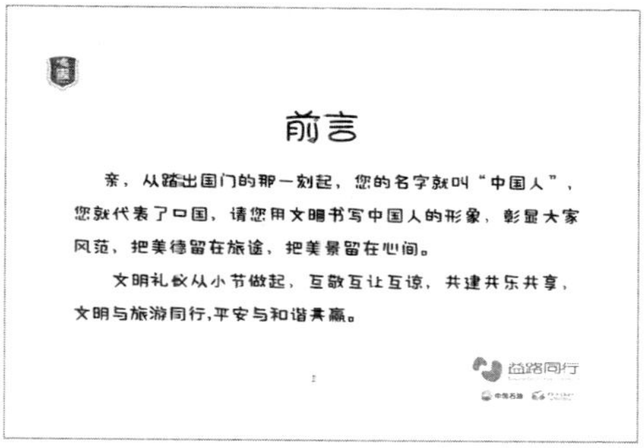
前言
亲，从踏出国门的那一刻起，您的名字就叫"中国人"，您就代表了中国，请您用文明书写中国人的形象，彰显大家风范，把美德留在旅途，把美景留在心间。
文明礼仪从小节做起，互敬互让互谅，共建共乐共享，文明与旅游同行，平安与和谐共赢。
1
益路同行
中国石油

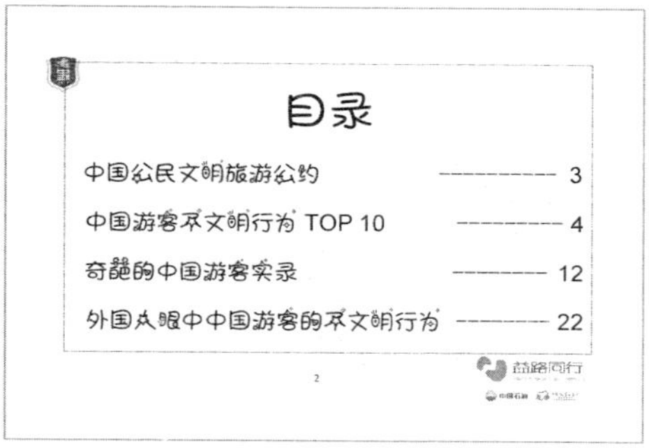
目录
中国公民文明旅游公约 ---------- 3
中国游客不文明行为 TOP 10 ---------- 4
奇葩的中国游客实录 ---------- 12
外国人眼中中国游客的不文明行为 ---------- 22
2
益路同行
中国石油

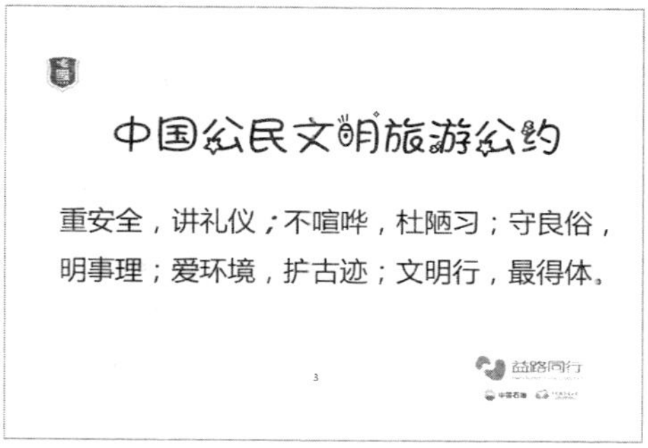
中国公民文明旅游公约
重安全，讲礼仪；不喧哗，杜陋习；守良俗，明事理；爱环境，护古迹；文明行，最得体。
3
益路同行
中国石油

中国游客不文明行为 TOP 10
1. 随处抛丢垃圾、废弃物，随地吐痰、擤鼻涕、吐口香糖，上厕所不冲水，不讲卫生留脏迹。
4
益路同行
中国石油

快到我后面来！快！
插队！
2. 无视禁烟标志想吸就吸，污染公共空间，危害他人健康。
3. 乘坐公共交通工具时争抢拥挤，购物、参观时插队加塞，排队等候时跨越黄线。
5
益路同行
中国石油

4. 在教堂、寺庙等宗教场所嬉戏、玩笑，不尊重当地居民风俗。
6
益路同行
中国石油

5. 大庭广众之下脱去鞋袜、赤膊袒胸，把裤腿卷到膝盖以上、翘"二郎腿"，酒足饭饱后毫不掩饰地剔牙，卧室以外穿睡衣或衣冠不整，有碍观瞻。
7
益路同行
中国石油

6. 说话脏字连篇，举止粗鲁专横，遇到纠纷或不顺心的事大发脾气，恶语伤人。

益路同行

8

7. 在不打折扣的店铺讨价还价，强行拉外国人拍照、合影。

益路同行

9

8. 涉足色情场所、参加赌博活动。

9. 不消费却长时间占据消费区域，吃自助餐时多拿浪费，离开宾馆饭店时带走非赠品，享受服务后不付小费，贪占小便宜。

益路同行

10

10. 在车船、飞机、餐厅、宾馆、景点等公共场所高声接打电话、呼朋唤友、猜拳行令。

益路同行

11

奇葩的中国游客实录

1. 华盛顿：中国大妈在景点泼漆被诉

据美国媒体道，一名华人女子因涉嫌在华盛顿林肯纪念堂等多处华盛顿国家地标景点建筑上泼油漆，已遭警方逮捕，被以控破坏公共财物罪名。

联邦公园警察说，在大理石雕刻而成的林肯雕像上，腿部、坐椅和底座都溅有绿漆，地面也有漆的痕迹，显然是有人故意泼洒。纪念堂随即被迫暂时关闭。

益路同行

12

2. 非洲：中国游客朝狮子扔垃圾吓坏导游

肯尼亚有专门接待中国游客的当地导游透露，在马赛马拉过河时有中国游客对着河马怪叫，甚至趁司机不备，拿起手中废弃物就丢向河马，甚至连草丛中的狮子也不放过。还有当地导游表示，中国游客不顾劝告，夜里走出房间给河马拍照，这种做法其实很危险，一旦激怒野生动物，可能威胁全车人的安全。

益路同行

13

3. 帕劳：黄渤潜水捞到“中华”烟盒

今年2月，黄渤在太平洋岛国帕劳度假时，在其微博中晒出了中国游客随手乱扔垃圾的照片，并感慨说：“那日帕劳潜水，正为上帝的奇作美景唏嘘不已，突看见水面漂浮一烟盒，心中暗骂哪来的无德之人，这么干净的水怎丢得下手。突然看见烟盒上两个大字‘中华’，臊得我上去一把捏在手里，像做贼一样生怕被别人看见，一直带回岸边，朋友啊，去别人家做客咱客气点，这俩字的脸丢不起啊！”

益路同行

14

4. 马尔代夫：中国游客捞珊瑚

今年5月，马尔代夫当地的一位潜水教练偶然翻看微信中“附近人的照片”时，惊讶地发现，海滩附近有一位中国女游客晒出了自己刚捞出的珊瑚照，并这样写道：“刚刚捞到的珊瑚漂亮不？”

益路同行

15

5. 泰国："泡面返航"事件

2014 年 12 月 11 日，在泰国曼谷飞往中国南京的亚洲航空公司 FD9101 航班上，一名中国女乘客向空姐索要热水，但因该航班为廉价航班，机上热水需收费，该乘客便与空姐发生不快。随后，同行的男乘客在付过热水费后索要发票，还情绪激动地扬言要"炸飞机"，女乘客则把热水泼到空姐身上，机长最终将飞机返航曼谷。

16

6. 瑞士：因两名中国乘客斗殴返航

2012 年 9 月，在瑞士苏黎世到北京的 LX96 航班上有两名中国乘客喝了酒，在飞机上因口角发生纠纷，进而大打出手，甚至还打了来劝架的乘务长，导致飞机被迫返航。而事件被曝光后，在网上引发热议，不少网友直斥"丢人都丢上天了"。

17

7. 华尔街：骑金牛拍照

纽约华尔街的那只金色铜牛，在全世界都很出名，到纽约的游客常常要到牛前合个影，希望带来点好运气。然而，经常有中国游客翻身骑牛，大肆拍照留念。

8. 中国游客卢浮宫泡脚事件

近日，一组照片蹿红网络：法国卢浮宫水池上，几个中国人正在泡脚，旁若无人、怡然自得。这为出境旅游中的不文明行为增添了新注脚，不断刺激着人们的"文明耻感"。近日，一组照片蹿红网络：法国卢浮宫水池上，几个中国人正在泡脚，旁若无人、怡然自得。这为出境旅游中的不文明行为增添了新注脚，不断刺激着人们的"文明耻感"。

18

9

9. 中国大妈"远征"莫斯科红场跳广场舞 引来警察

中国大妈的广场舞显然已经是神一般的存在，2014 年 6 月中国大妈竟将广场舞跳到了莫斯科红场，大妈们跳得兴高采烈，最后当地警察及时赶到制止。

19

10. 上海白领殴打日本便利店店员

日本北海道札幌中央警署以涉嫌殴打在便利店内提醒注意礼节的店员致其受伤为由，逮捕了上海市某银行职员的宋 XX 夫妇。这对夫妇当时正在当地度新婚蜜月。由于购买了店内冰淇淋，在付款前在店内拆开冰淇淋吃起来，店员用手势示意要求其付款前不能吃，宋 XX 认为受到了侮辱，对该店员实施了殴打。

20

11. 埃及神庙浮雕现"到此一游"

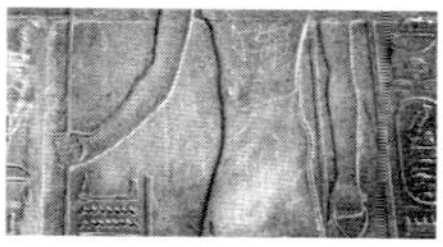

在埃及卢克索神庙的浮雕上看到有人用中文刻上"丁锦昊到此一游"，真为国人轻易毁坏千年文物的行为感到震惊和羞愧。这可是三千多年前的文物呀。

21

外国人眼中中国游客的不文明行为

随地吐痰，乱扔垃圾、闯红灯、围观起哄、插队、抢座和践踏花草、小孩随地大小便等。其中，乱扔垃圾、闯红灯、围观起哄最为突出。

22

"益路同行"史家小学公益小组成员

组长：佟画

组员：王翎衣、周伊晗、苏予妍、殷若宸

友情客串：金知玉

23

文明出行小册子

项目获得中国扶贫基金会颁发的“益路同行·优秀公益创新团队”奖

后　记

习近平总书记在十九大报告中强调，中国特色社会主义进入新时代。这一重大政治判断明确了我国发展新的历史方位。少年强，则国强。新时代对中华少年提出了更高的要求。我们的青少年理应心系祖国发展，心系民族未来，为中华崛起而读书。

“服务学习”是史家创新学习方式的一大尝试。它将社会主义核心价值观渗透融入教育教学的全过程，充分调动了学校、家庭、社会三方的力量，以体验、渗透、浸润、实践的方式，融合教育教学两条主线，为学生的成长搭建平台，实现协同育人、系统育人，让学生从小将家国情怀的种子播种在心中。

本书汇聚了史家众多教师的心血，是史家人教育情怀的体现，教育智慧的结晶。在多方的共同努力下，本书将正式出版，分享给广大读者。感谢专家对我们工作的支持、帮助和指导，感谢出版社为本书出版所作出的努力。

少年儿童是未来的希望，教育影响着一个民族的未来。我们相信，影响孩子，就是影响未来。在孩子的心中从小埋下爱的种子，这颗种子必将陪伴他们成长，必将硕果累累、收获芬芳。最后，请允许我在此对大家的辛勤工作表示真挚的感谢和深深的敬意！

洪　伟

2018 年 3 月